WAC BUNKO

韓国・北朝鮮の悲劇
米中は全面対決へ

藤井厳喜
古田博司

WAC

はじめに――理想を語らないリアリスト二人の会話

本来わたしは朝鮮半島の地域研究者であり、東洋史出身なので、中国のことも少し知っているという程度にすぎない。

世界政治を玉のぶつかり合うビリヤード台に喩《たと》えれば、主役はあくまでも大きな玉同士であり、本対談の藤井厳喜氏はまさにそちらの専門家である。

小さな玉の専門家のわたしが藤井氏と対談する意味があるとすれば、それは小さな玉が日本のすぐそばでぶつかってきていることであり、それが今、日本の存亡にかかわるまで大きな危険となっているからであろう。

グローバルな経済は、今まで相互依存の関係・国際的な調整・人的交流などを考えればすんだ世界認識を根本から変えてしまった。近代化、民主化を拒否したまま、自分基準に世界を作り変えたい思いで満々とした中国が世界征服をねらい、かつてのパッファー・ゾーン（緩衝地帯）に甘んじられない朝鮮半島の二カ国は、主体思想で合体し大国の干渉をはねのけようとしている。

アメリカ、ロシア、中国はまるでその時その時の合従連衡《がっしょうれんこう》で動いているかのようであり、パワーの衝突、展開の変化は最早日々の動態となった。二十世紀に比べれば、殺伐《さつばつ》としてどぎつい応酬が国家間で行われ、冷酷な現実に人々は灌木《かんぼく》のように揺れる。

そんな時代に藤井氏と出会って、この対談集が実ったのだが、今までの対談集とは違う点を強調すれば、両者が一点めざして論を煮詰めたりはしていないこと、そんなことをしても無駄だからである。併記して、どちらか使える方を読者に選んでもらった方がよほど有益である。そして二人とも理想を語らない点、理想を語っていると、刻々と近づく危機に気がつかない。その意味で両者ともにリアリストなのだ。理想なき現実世界の解釈は幾通りもあるから、たとえぶつかっても互いに全然怒らない。へっちゃらですり抜ける。そういう対談集である。だから内容は過酷なのだが、新時代には結構面白く読めるのではないかと、ひそかに自負している。

そんな二人の会話を支えている倫理のようなものがあるとすれば、それは「パブリック」（みんなのために何かする）と、「良心」（みんなでよくなろうとする心）であろう。わたしは理性なんかではないと思う。理性なんてものは、カントが『純粋理性批判』で作り出した造語「フェアヌンフト」が、世界の近代化途上諸国に広まったもので、アングロサクソンは内心バカにしていて、リーズン（理、理由）で十分だと思っている。フランス人はサルトルや文化人類学者らが、「西洋的理性」を引きずりおろしてしまったので信じていない。ドイツでは、敗戦後、ハイデガーがシュピーゲル誌に吊るし上げに遭い、「すんません」と、謝ってしまったのでゲルマンの「理性の哲学」は終わったのだ。
というわけで、本対談集が新しい時代の先駆けの対談集になることを祈っている。

二〇一八年十一月

古田博司

韓国・北朝鮮の悲劇
米中は全面対決へ

●目次

第二章　高麗連邦の成立と朝鮮半島の行く末　53

取材協力／菅原昭悦
装幀／須川貴弘（ＷＡＣ装幀室）

第一章

北朝鮮は「遷延策」国家！
死んでも核兵器を放棄しない！

北朝鮮の「遷延策」に注意せよ！

藤井　二〇一八年は北東アジアにとって大きな変動があった一年でしたね。初の米朝会談が六月に開催。その大きな変動をもたらしたのは、言うまでもなく、アメリカのトランプ大統領。安倍晋三首相の助言もあって、二〇一七年から対北朝鮮強硬路線を取った。「目には目を」と「核ミサイル発射実験には核攻撃もあり得るぞ」と脅《おど》した。その威嚇に、さすがの北朝鮮の金正恩《キムジョンウン》もブルッたようだ。

古田　といっても、所詮は、弱小国の戦略、「遷延策」を使うしかない。ごまかして事態を引き延ばそうとするでしょうね。

藤井　そうですね。さまざまな虚言、虚飾で生き延びようとしている。とりわけ、従北路線を取る韓国・文在寅《ムンジェイン》政権は、金正恩にとっては、貴重な「パートナー」というか「手下」。この前は、文在寅が、北朝鮮を訪問して、マスゲームで熱烈歓迎された。もう韓国は完全に北によって押さえつけられている。

南北融和高まる……と日本のマスコミは大歓迎だけど、所詮はキツネとタヌキの「平和ごっこ」でしかない。国際情勢はそんな甘いことでは動きませんよ。

ということで、まずは、二〇一八年の北東アジア情勢を振り返りつつ、これから数年先の断末魔国家・北朝鮮と、それを支援する中国・韓国の思惑などを分析し、日本やアメリカはどう対応していくのが国益に叶うのかを論じ合っていきたいと思います。

中朝首脳会談の裏でうごめく思惑

古田　二度目の米朝会談も開かれるようですが、二〇一八年六月十二日の史上初の米朝首脳会談（注1）をまず振り返ってみましょうか。開催直前にアメリカが一度はキャンセルを発表したけれど、最終的にはシンガポールで実現することになった。それもさることながら、北朝鮮の金正恩が三月に北京を訪問し、習近平と初めての首脳会談をやった後、五月に大連にいってまた習近平と会った。ひと月強の間に二度、中国に出かけたことは異例といっていいでしょう。しかも、最初は鉄道を使ったが、二度目は特別機を飛ばして大連にいった。あれは何だったと見ていますか。

藤井　金正恩が大連で習近平と会ったのは、中国との関係を固めてから、対米交渉に臨もうとしたのではないか、と産経新聞が書いていました。要するに、米朝首脳会談の前に、北朝鮮はチャイナに助けを求めたのだと。

古田　そうでしたね。

藤井　私はそれは違うと思います。北朝鮮がアメリカにベタ降り（自分が勝ち上がることをあきらめて勝負を降りること）で、あまりにも妥協しそうな雰囲気だったから、習近平が焦って「おい、こら、お前」と、呼びつけたと見ています。

古田　習近平が金正恩に「おまえ、やる気あるのか」といったわけだ。

藤井　金正恩からすれば、「アメリカに妥協するなというのなら、チャイナは何をしてくれるんだ」と言い返したと思うんですよ。

古田　そこで朝鮮戦争の終戦宣言はまだ行われていない、まだ停戦状態。終戦するには、当時の当事者だった、米・中・南北が関わる必要がある。核保有のままで終戦にもって行きたい金正恩は、習近平に終戦の同意を求めてはねつけられたという報道もありました（『東京新聞』六月二十五日付）。核放棄させられますかね。

藤井　まずは「リビア方式」でしょう。国家安全保障担当の大統領補佐官ジョン・ボルトンがしきりに言っていましたよね。

古田　それについては、『産経新聞』（四月三十日付）で、福井県立大学の島田洋一氏も言及していましたね。少し説明すると、二〇〇三年三月、イラク戦争の開始と同時に、リビアは米英に大量破壊兵器を放棄する意向を伝えた。これは、米英の軍事的圧力と制裁のためだった。そして、その年の十二月には合意が成立する。

藤井　「リビア方式」にはいくつかポイントがあります。まず、リビアのカダフィ大佐は自分が爆撃されてアメリカに殺されるか、ウェポンズ・オブ・マスディストラクション（WMD）、要するに大量破壊兵器の全部――ということは、すべてのABC兵器（注3）――を諦め、過去のテロ――一九八八年にリビアが国家支援した「パンナム機爆破事件」――の清算をするか、の選択を迫られた。

古田　で、払った。

藤井　結局、カダフィ大佐は「もう、かないません」とイギリス経由でアメリカに伝えましたが、交渉はだいたい九カ月かかった。しかし、話がついたら、たった三カ月で作業が終わりました。どういうことかと言うと、米軍が直接リビアに入って、ABC兵器の施設からすべてを接収し、アメリカのテネシー州オークリッジにある廃棄処分場に持ち込むまでが三カ月。一月に始めて、四月には完了した。「パンナム機爆破事件」の賠償金は二十七億ドルで決着しています。

古田 アメリカらしくて獰猛《どうもう》かつ速い。

藤井 この交渉を担当したのがアメリカのCIAとイギリスのMI6でした。

古田 CIAが担当したのですか。

藤井 国務省にやらせると、交渉自体が仕事になってしまい、長引く。だから、CIAが話を決め、軍が直接行って、三カ月で廃棄したわけです。

古田 CIAといえば、ポンペイオ。

藤井 そうそう。二〇一八年に国務長官となったポンペイオは、前職がCIA長官でした。トランプ自身は「リビア方式でいく」と断言していませんが、アメリカは北朝鮮に対して、「リビア方式で核施設やテロの問題をすべて解決したら、国交の正常化と経済制裁の解除をやる」と迫った可能性がある。追い込まれた金正恩は、一時「全部OKです」というところまでいったのだと、私は思います。

古田 確かに米朝首脳会談に至るまで、金正恩は相当追い込まれているように見えました。

藤井 チャイナはそれを察知して、大連に呼び出した。大連では「遼寧《りようねい》」に続く第二の空母をつくっていて、その進水式に行ったなどとも言われましたが、大連は平壌《ピョンヤン》と北京のちょうど真ん中あたりに位置します。チャイナの領土ではあるけれど、「俺も半分出ていくから、おまえも出てこい」ということだから、金正恩の面子が立ちます。田中角栄とニクソンがハワイで会談をやったり、レーガンとゴルバチョフがアイスランドで会ったのと一緒です。ハワイはアメリカ領だけれど、東京とワシントンDCの中間だし、アイスランドはワシントンDCとモスクワの中間に位置します。

古田　米朝首脳会談はシンガポールでしたが、その意味ではここも穏当な場所だったと言えますね。

注1　米朝首脳会談：二〇一八年六月十二日、アメリカのトランプ大統領と北朝鮮の金正恩朝鮮労働党委員長がシンガポールで会談に臨んだ。米朝両国のトップによる首脳会談は、これが初めてとなる。前月の五月にトランプは首脳会談中止の書簡を金正恩に送ったが、六月に入って朝鮮労働党副委員長の金英哲《キムヨンチョル》が訪米し、首脳会談は予定通り行われることになった。

注2　中朝首脳会談：二〇一八年三月二十五日、北朝鮮の金正恩朝鮮労働党委員長は最高指導者に就任して初めて中国を訪問し、北京で習近平国家主席と首脳会談を行った。その後、五月七日

に専用機で大連を訪れ、二度目の中朝首脳会談が開かれた。六月十九日には三度目の首脳会談が北京で開催され、『人民網日本語版』は「中朝首脳が百日間に三回会談したことが示すもの」という表題の記事で、中国と北朝鮮の関係で新たな章を開いたと記している。

注3　ＡＢＣ兵器：原爆・水爆などの核兵器（atomic weapon）、細菌などの生物兵器（biological weapon）、毒ガスなどの化学兵器（chemical weapon）の頭文字をとった三種の兵器の総称。

北朝鮮の戦闘機は錆びていた

藤井　これはどこから聞いたかを明らかにできないのだけれど、「北朝鮮は、ＡＢＣ兵器全廃だけでなく、米軍が南朝鮮に駐留してもかまわないというところまで妥協しそうだ」という話が、米朝首脳会談の前にアメリカサイドで出ていました。

古田　そうでしたか。

藤井　「朝鮮半島の非核化」ということは、大規模な米軍が駐留してはいけない――ことにもなる。米軍がいれば、核兵器を配備している可能性があるからです。ご存じのように米軍は、どの部隊がどんな核を持っているか、絶対に言わない。これは戦略上の原則です。

古田　核兵器を持っているかもしれない在韓米軍であっても、現状のままでいい。北朝鮮がそれを認めると、アメリカ側は考えていたのですか。

藤井　あるいは、THAADミサイル用の広範囲のレーダー（Xバンドレーダー）を韓国に置いていますが、「あれぐらいはいい」という譲歩案の可能性を語る向きもありました。

古田　なぜ、北朝鮮がそこまで妥協すると考えたのでしょうか。

藤井　米軍が韓国に駐留し続けることは、米軍によって北朝鮮がつぶされない保証でもあり、それは金正恩にとって自分の命の保証ということになります。Xバンドレーダーに関しては、「北朝鮮は北京と距離をとりたがっている」と見たからでしょう。Xバンドレーダーは四千キロ先まで見える。それを韓国に置けば、中国を監視できます。米軍のレーダー監視部隊がいることは、北朝鮮にとって北京に対する抑えになるし、アメリカに恩を売ることもできるわけです。

古田　中国からすれば、たまったものではない。

藤井　これは私の全くの推測だけれど、「放っておくと、金の野郎、そこまで妥協するのか。ふざけるな！」と驚き怒ったチャイナ（習近平）が、「ちょっと来いよ」ということで、急遽、大連での話し合いになったと思います。

余談になりますが、米朝首脳会談の開催地であるシンガポールに、金正恩はチャイナの飛行機で行きましたよね。習近平の紐つき、腰巾着になったのでしょうか（笑）。

古田 いや、命が惜しいんですよ。自国の飛行機に乗るとボロで危ないから（笑）。

藤井 大連訪問で使った専用機のイリューシン62型は、これまでに何度も故障していて、飛行途中に緊急着陸したこともある（笑）。整備ができていない上に、シンガポールは航続距離でギリギリ。大連に行くくらいが精いっぱいの飛行機ですからね。

古田 二〇〇二年に北朝鮮の漁郎《オラン》という飛行場に降りたことがあります。ミグが並んでいたのだけれど、赤錆びで機体が真っ赤だった。

藤井 えぇ？　戦闘機が錆びている？　本当ですか（笑）。

古田 驚きましたよ。明らかに飛んでいないことがわかりました。飾りでしかない。

結局、北朝鮮の軍事戦略は、通常兵器の開発は捨てて、核兵器とミサイルにすべてを投入したんです。でも、クラスター爆弾（容器となる大型の弾体の中に複数の子弾を搭載した爆弾。上空で爆発させて小型爆弾を広範囲にばらまく。集束爆弾とも呼ばれる）を、彼らは持っています。周りの国はクラスター爆弾の禁止条約に入っているけれど、北朝鮮は入っていない。アメリカが北朝鮮を爆撃したら、多連装ロケットランチャーで国境付近からソウルを狙うよりも、クラスター爆弾を使って韓国に報復する可能性は高いと思います。そのための飛行機を一機ぐらい残しておけば済む（笑）。

藤井　でも、それをやったら、次の段階でアメリカの報復を受けて、北朝鮮はアウト、お終いでしょう。

古田　北も南も両方なくなる。

藤井　これは後で話に出ると思いますが、北朝鮮がチャイナの飛行機を使ったのを見て、米中対決の時代に入っていることを実感しました。

なぜ、文在寅と金正恩は「連れション」仲間？

古田　二〇一八年四月二十七日には、韓国の文在寅と北朝鮮の金正恩が首脳会談（注1）をやりましたが、あのとき、文在寅と金正恩が手をつないでいましたよね。あれは電話回線で頻繁に会話している証拠。朝鮮民族の特徴なのですが、仲良くなると男同士で手をつなぐんです。

藤井　女性同士も手をつなぎますね。

古田　そう。それで、もっと親密になると、男も女も一緒の便器で小便をする。ご存知でしたか。

藤井　へえー。日本で「連れション」と言うけれど、そういうものではないんだ。

古田　「カッチ・ヌ（ル）ジャ」（一緒におしっこしよう）と、私は三回ほど誘われたことがあります。

藤井　えぇ？（笑）

古田　なぜ、そんなことをするのかというと、韓国は本当に不信社会なんです。だから、常に親愛の情を示さなければならない。そのために、そういう奇怪な習俗になってしまう。

藤井　排尿という羞恥的行為を一緒にすることで、仲間であることを確認するわけですか。あそこを見せあって隠しごとはないと？

古田　そうそう。

藤井　同性愛ではないのですね。

古田　それとは関係ありません。首脳会談のときに二人が手をつなぐ姿を見て、最初は気持ち悪いと感じたのですが、朝鮮の習俗を思い出して、「ああ、相当親密になっているな」と思った。これは間違いなく、相当親密です。南北首脳会談はダメ押しですよ。

藤井　文と金は、もはやツーカーの関係なのですね。

古田　そう。それで、金大中《キムデジュン》、盧武鉉《ノムヒョン》が、北朝鮮に出かけて金正日《キムジョンイル》と首脳会談をやったときにも、ドルがいっぱい詰まったトランクを手渡しで贈ったという話があります。文在寅も同じことをやったと思います。

でも、今の北朝鮮の窮状を救うには、とてもじゃないが、それぐらいでは足りない。だから、必死になって南北融和ムードを高めているのです。平昌《ピョンチャン》オリンピックの女子アイスホッケーで合同チームをつくったり、卓球の世界大会で途中から合同チームをつくったりした。

藤井　日本とチャイナを巻きこんで、サッカーのワールドカップを四カ国で共催しようとか、オリンピックを南北で開催しようという提案もしていますね。

古田　そういうことで南北友好と統一への機運を盛り上げようとしているわけです。

藤井　だから、二〇一八年九月には、文在寅が急遽北朝鮮を訪問し、マスゲームに出席したり、韓国指導者として初めて北朝鮮国民に向けて演説したりもした。中朝境界にある「白頭山《ペクトウサン》」にも登ってみせた。白頭山は、朝鮮民族の建国神話の発祥地とされ、北朝鮮では故金日成《キムイルソン》主席の「聖地」と位置づけられているところ。これで、今度、金正恩が韓国にやってきて、日本大使館前の慰安婦像で、文在寅と記念撮影したら……。南北反日戦線がいよいよ強固になってしまう（苦笑）。

古田　白頭山では、文在寅が恍惚《こうこつ》の表情だったでしょう。あれは「主体思想《チュチェ》」に浸っていたのです。主体思想とは、金日成が「人間は自分の運命の主人だ」と言ったところがミソですよ。この「主人」を日本人が「主人公」と訳すと、誤訳になってしまう。歴史上、モンゴル（元）、シナ（明）、マンジュ（清）、日本、ソ連と次々に従属しましたから、彼らが「国の主人」になるひまがなかった。主体思想はそういう人たちの強烈な願望です。自分たちの国を自分たちの思い通りにしたいのですね。だから、白頭山では二人とも、「統一朝鮮の主人らしいファンタジー」に浸って、うっとりしていたのです。

注1　南北首脳会談：二〇一八年四月二十七日、韓国の文在寅大統領と北朝鮮の金正恩朝鮮労働党委員長が、板門店で首脳会談を開いた。その後、五月二十六日に板門店、九月に平壌で首脳会

談が開催されている。なお、最初の南北首脳会談は二〇〇〇年六月十三日に金大中大統領（当時）が平壌を訪問して行われ、二度目は二〇〇七年十月二日に盧武鉉大統領（当時）が平壌で訪れて行われた。

アメリカは軍事攻撃という選択肢を捨ててない？

古田　二〇一八年六月八日から九日にかけて、カナダ・ケベック州のシャルルボワで開催されたG7の時に、トランプが「一回限りのチャンスだ。平和協定の締結に対して、金正恩が真剣かどうか、最初の一分以内でわかる」と言いましたが、これが彼の本質なのかと思ったりもしました。あれを聞いた時に頭の中に浮かんだのは、二丁拳銃を構えた西部劇のガンマンです。

藤井　トランプは西部劇のヒーロー、ジョン・ウェインに似ていないことはないけれど、どういうことですか。

古田　つまり、トランプは左手に「終戦協定」という拳銃、右手に「核、ミサイル、その他の武器の一括搬出」という拳銃の二丁拳銃で北朝鮮に向き合っているのではないか。

藤井　なるほど（笑）。

古田　二丁拳銃というイメージが先で、論理はあとづけなのですが（笑）、北朝鮮は二丁拳銃にどう立ち向かうのか。

藤井　北朝鮮が「完全かつ検証可能で不可逆的な非核化」を拒否したとき、アメリカに残る選択肢は二つです。軍事攻撃に踏み切るか、現状の経済制裁と軍事的圧力を続けるか。

古田　アメリカが軍事攻撃に踏み切る可能性はあるのですか。

藤井　軍事攻撃をやるとすると、二つの方法が考えられます。

第一に、核兵器と大量破壊兵器の実験場や生産施設のみを狙った、いわば「外科手術的」な攻撃です。

もう一つが「衝撃と恐怖作戦」と呼ばれるもので、何の前触れもなく、ある日突然、北朝鮮のすべての軍事拠点を同時に破壊する。

古田　やるなら後者の作戦が一番有効でしょう。

藤井　そうです。この作戦だと、北朝鮮は日本や韓国に反撃する余地がありません。ちなみに、さんざん言われてきた「ブラッディノーズ（鼻血）作戦」はすでにやっています。

たとえば、北朝鮮の防空識別圏にアメリカの戦略爆撃機が複数回侵入している。B-1B爆撃機が入ったときは北朝鮮のレーダーが捕捉できなかった。あれはブラッディノーズ作戦なんですよ。金正恩はそれで相当、肝っ玉が縮みあがったと思います。だから、のこのこ表舞台に出てくるようになった。

マティス国防長官は「なるべく軍事力を行使したくない。しかし、やるときは徹底的にやる。ネズミ一匹殺すにも、ライオンが全力を尽くすように、絶対に反撃できない体制をつくる。場合によっては、バンカーバスター（地中貫通爆弾。地下の目標などを破壊するために用いられ、特殊貫通弾、掩蔽壕《えんぺいごう》破壊弾とも呼ばれる）に戦術核を使ってもいい」とまで言いました。「徹底的」「全力」は米軍の特徴です。さすがに戦術核は使わないと思いますが、そういった発言がまた、脅しになるわけです。

古田　北朝鮮もミサイルを発射する時に、似たようなことをさんざん言ってたからね。

藤井　しかし、意外に軍事攻撃という選択肢は選びにくい。アメリカが北朝鮮をつぶすことは簡単ですが、何十万人のアメリカ軍を派遣して、イラクのように占領統治を十年以上やったとしても、治安は回復しないでしょう。これは相当の負担になる。しかも、国際社会から非難されながら軍事攻撃をやって北朝鮮を潰したとして、アメリカ軍が引き上げた後、漁夫の利を得るのはチャイナです。
また、軍事的な行動をアメリカが起こす場合は、必ずチャイナと何らかの了解事項を取っておかなければ動けません。北朝鮮から北京までは指呼《しこ》の間《かん》だから、これは常識です。
たとえば、「チャイナの人民解放軍が国境から何キロまで入って保障占領することを認める」といった約束をしなかったら、米軍は絶対に動けない。でも、アメリカとしてはなるべくそういうことをやりたくない。だから、なかなか戦争はやりにくいということになってくるんです。

古田　何をやっても、最終的に得をするのは中国ですよ。南北両方で混乱が続けば、どんどん人間が逃げだす。その間に、奴隷労働力を欲している中国のブラック企業がなだれ込み、朝鮮半島が中国経済圏にされてお終いです。

藤井　そう。下手をしたら、アメリカは骨折り損のくたびれ儲けで、全部とられてしまう。チャイナのために北朝鮮攻撃をやったことになるなんて、アメリカとしてはバカバカしくてできないですね。

古田　はっきり言って、何をしても中国の勝ちです。

藤井　だから、軍事オプションは意外と可能性が低いんです。おとなしく元の線に戻って、経済制裁を続ける戦略を取るのが妥当な選択だろうと思います。ただ、経済制裁を続けている間に韓国が北朝鮮に擦り寄って、南北融和統一にいく可能性がある。

古田　だからこそ、万が一の時には軍事攻撃はやる選択肢は残していたほうがいい。そうしておかないと、核兵器が残ってしまいかねない。

藤井　軍事オプションは取りにくいと言いながらも、まったくないわけではないし、私は金正恩が徹底的に脅されて妥協する可能性はあると思います。

古田　私は、北朝鮮がアメリカに屈伏するという可能性は、まったくないとは言えないのだけど、その可能性は限りなく小さいと思うんです。というのは、核を手放したら北朝鮮は存立する価値がなくなってしまう。完全にアウトで、そのときは南北融和もへったくれもない。

藤井　北朝鮮が核兵器を放棄するのと引き替えに、米軍が朝鮮半島を出ていく。これはアメリカ側にすれば、最大限の妥協のカードでしょう。米韓同盟はそのままとしておいたとしても、在韓米軍が韓国からいなくなったら、実際上、米韓同盟は破綻したに等しい。

古田　そうです。南も北もがんじがらめで、主体思想もへったくれもない。

藤井　なぜ、北朝鮮が核兵器を開発したのか。米軍が朝鮮半島にいるからだという理屈ですよね。「我々はアメリカ帝国主義を朝鮮半島から追い出した」となれば、「非核化した朝鮮半島を実現して、南北融和を進めるという金日成以来の正義が実現した」と言える。こういうレトリックは成立すると思います。反対するやつは、死刑にしたり、奴隷化して牢屋に入れてしまえば済むことでしょう。そして、北朝鮮とアメリカは国交を結び、大使を交換して大使館ができる。

古田　そうなったとしても、やはり中国が「漁夫の利」を得ると思います。それが実に残念ですね。

金正恩は金正日より、ずる賢いか

藤井　金正恩はアメリカとの距離を保って、自分がチャイナにのみ込まれないようにしたい、という意志があるとは思う。その点で金正恩は「タフ」ですが、そこがアメリカとしても付け目ではないですか。

古田　金正恩がそこまで賢ければいいんですけどね。

藤井　いや、けっこう賢いのではないかと私は見ています。もっと言えば、〝チーム金正恩〟は賢くて、非常に戦略的に行動しているという前提で、私は考えている。ヘアスタイルが変だとか言われるけれど（笑）、甘く見てはいけない、と。

古田　あのうちわ頭はお祖父さんの金日成の真似をしているんです。北朝鮮の初期の頃には理髪師がいなくて、日本製のバリカンで下から上へバリバリと刈り上げていた。その時のうちわ頭の記憶が民衆の首領イメージとして残っていて、そのカリスマを継承しようとしている。まあ、独裁国家ではあっても、それなりに国民受けを狙っているわけです。

藤井　金正恩がお祖父さんを彷彿《ほうふつ》させるとは、よく言われますね。理想的な指導者像として、容姿にしてもイメージづくりをしているのでしょう。カリスマを創造する必要があるから。

古田　そう。だから、力士みたいに体をあそこまで太らせている。痛風や糖尿病を併発しているかもしれないけれど（笑）。

藤井　足を引きずっていたことがある。あれは痛風でしょう。

古田　要するに、「見てくれ」「形」としてつくっただけで、中身はそれほどではないと思いますよ。

藤井　ただ、三月の中朝首脳会談で、北京に列車で乗り込んだ時、降りてきた金正恩のヘアスタイルと人民服の姿を見て、あれっと思った。メガネを取ったら若い頃の毛沢東にそっくりなんです。わざと似せたと思う。

というのは、習近平が一番憧れてるのは毛沢東。だから、毛沢東の格好を真似して行った。習近平が憧れてやまない毛沢東の真似をしたのだから、確信犯だと思います。

古田　そうですかね？　どうだろう（笑）。

藤井　金正恩本人というより、チームとしては、スタッフはそれなりに賢いと思いますね。ヨーロッパ留学組もいて、おそらく四十代ぐらいのインテリが多いはずです。アメリカと交渉する時にしても、「寸止め外交」を展開している。もう一回、核実験・ミサイル実験をやったらアメリカは我慢できないという段階でちゃんと止まった。特にミサイル実験は、水平方向に打ち出してアラスカ沖に落としたらレッドラインだけれど、その二、三歩手前で止まりました。

古田　北朝鮮の核兵器はまだ完成していませんね。

藤井　そう。北朝鮮は完成したと言っているけれど、あれは嘘です。ミサイルに載せる核弾頭を小型化して長距離を飛ばし、本当に核弾頭が爆発しなければ核兵器保有国とは言えない。その二、三歩前だから、アメリカが交渉に乗り出したわけで、北朝鮮はそこらへんは読んでいると思います。おそらくトランプの性格も読んでいるし、なかなか賢いと見ているのですが、過大評価でしょうか。

古田　『朝日新聞』の箱田哲也記者（「社説余滴」二〇一八年九月二十八日付）ならともかく、われわれが、あんまり褒め過ぎてはいけない（笑）。彼、「金正恩讃歌」書いてます。

藤井　いや、拉致にしても、北のやっていることは悪いことばかりで、その親玉なんだから、もちろん、金正恩も悪いやつだけれど、ずる賢いということはありますよ。詐欺師として優秀だとか、犯罪者として優秀だというのと同じ意味です。

古田　あの拉致の工作隊というのは、古代イスラエルには「略奪隊」といい、旧約聖書に、シリアやモアブの略奪隊が九回出てきます。物だけではなく人も狩るんですね。東アジアでも明代には、満洲族と朝鮮族の間で頻繁に拉致という人狩りがありました。ようするに、金日成や金正日の頭が古代なんですね。南の朴槿恵《パククネ》がイガンジル（告げ口）外交（注1）したり、中国の臣下となってパレードに参加したり、執権府にシャーマンを呼び込んだりしたのと同じです。
　習近平もシナ風の古代頭だと思いますよ。国が産業化したからと言って、人間が近代化しているわけではありませんから。私的所有権とか、法治とか、信用社会とか全く知らない人たちですよ。
藤井　「古代脳」でも賢い奴は賢い（笑）。金正恩と並んで過小評価してはいけないのが習近平です。習近平もけっこう賢いのではないかと思うんです。教養はないし、ちゃんと大学を出ていない。しかし、八千万人の党員がいる中国共産党の権力闘争を勝ち抜いて権力を掌握し、十三億人の国の独裁者となった。つまり、「権力を勝ち取る」という点において、愚かであるわけがない。ものすごく優秀だと思います。
古田　一応、お父さんということになっている金正日はかなり優秀でしたね。いつも「瀬戸際外交」で乗り切り、国内の統制もうまかった。それから、独裁の芸術的天才で、あの人の著書の処女作は『映画芸術論』でした。絵描きだったヒトラーや詩人だったムッソリーニと一緒です。だけど、金正恩は三十代半ばでしょう。まだまだ未知数ですよ。
藤井　未知数だけれど、バカだと分かるまでは賢いという前提で考えるべきだと思いますよ（笑）。危険を察知するという意味で、「ずる賢い」と考えて警戒しないと、とんでもないところで足をすくわれる危険がある。そういう立場を私は取ります。

注1　イガンジル（告げ口）外交：二〇一三年に韓国の朴槿恵大統領は、アメリカ、ロシア、フランス、イギリスなどを外遊した際、首脳会談やインタビューなどの場で、慰安婦問題を取り上げ、「日本は正しい歴史認識を持つべきだ」と主張した。当事国以外の第三国に悪口を言ってまわったことから「告げ口外交」と呼ばれた。

シークレットブーツをはいて写真を撮った金正恩

古田　二度目の米朝会談も開かれる予定ですが、六月に開かれた一回目の米朝首脳会談は一発勝負で、米朝高官間の事前交渉はまったく進んでいなかったと言われています。土壇場で首脳会談実現にこぎつけたのは、金正恩の「親書」がまあまあ効いたようです。

藤井　トランプにすれば、「もう二回目のチャンスはないよ。このロープをつかむかどうかが、お前の運命の分かれ道だ」ということだったのでしょう。そういうふうに言わなかったら、いくらでも事前交渉が続いたと思います。ヒラリー・クリントンが大統領だったら、国務省べったりだから、とてもそんな荒技はできなかったでしょうね。

古田　米朝首脳会談の前に、北朝鮮が一番気にしていたのは会談の内容ではなく、「金正恩はトランプと対等」という構図の写真を撮ることだったと、私は見ていました。「昭和天皇とマッカーサーの写真」（二人が会談した後に公表された写真では、天皇がかしこまっているのに、マッカーサーは手を後ろにまわしたリラックスな雰囲気。服装も天皇はモーニング、マッカーサーは略装の軍服）になってしまうのは絶対に避けたかったはずです。それから、座席の順番はどうするかとか、どういう形で座るかとか、金正恩の頭の中は、そのことでいっぱいだったでしょうね（笑）。

藤井　トランプと並んで写真を撮りましたけど、シークレットブーツ（上げ底の靴）をはいていたようですね（笑）。

古田　それはさておき、北朝鮮があっさりと核を手放すわけはありません。核がなくなったら、北朝鮮の存在価値はゼロですから。また、オヤジの金正日が苦労して育てた軍部からの抵抗は強いはずで、これを押し切るのはたいへんです。金正恩がお父さんを称揚せずに、ウチワ頭とか、デブの猪首とか、メガネとか、お祖父さんの金日成の真似ばかりしているのは、そのあたりも関係するのでしょう。上品に言うと、金日成のカリスマを借りて、軍部にプレッシャーをかけていると思います。

藤井　ただ、米朝首脳会談をアメリカサイドから見ると、形としては成功だったと考えられます。合意文書調印は、金正恩にとって降伏文書にサインするようなものです。それだけに、金正恩を一国のリーダーとして認めて、メンツを失わないように配慮していた。北朝鮮はメンツを重んじる国ですからね。アメリカは「名」を捨てて「実」（＝非核化）を取ろうとしたし、北朝鮮は「実」（＝核兵器）を捨てて「名」（＝金王朝存続）を取ろうとしたんです。

北からしても、一応成功したと言えるでしょう。超大国のアメリカと一対一でしっかりと会談をし、一国の指導者としてトランプ大統領に認められた姿を内外に示すことができましたから。そして時間を買った。

古田　ああいうのを主体思想の勝利だと思い込むのです。韓国でも北朝鮮でも、「男らしく」（ナムジャ・タプケ）、「女らしく」（ヨジャ・タプケ）と同じ〈タプケ〉使って、「国の主人らしく」（ナラエ・チュイン・タプケ）なんて言います。

藤井　もっとも、合意文書には書いてあることと、書いていないことがあります。書いていないことのほうが大事なんです。実務的な内容まで文書化されてしまうと、金正恩のメンツは丸つぶれになるし、習近平が「対米妥協するな」と圧力をかけているから、詳細を書くわけにはいかない。

古田 アメリカは米朝首脳会談で「平和のアリバイ」を演出したとも考えられませんか。北が先延ばしして不実なことをするようなら爆撃する。そうなったら、国際世論もアメリカを非難しないでしょう。北朝鮮が核廃棄の合意・原則を破ったら、アメリカは爆撃を絶対に考えていると思います。

藤井 それは当然です。正当性がないと軍事攻撃はできない。向こうが約束を破ったら、そこで軍事攻撃の正当な理由ができる。いざとなったらやりますよ、ということでしょうね。

古田 「我々との平和の盟約を打ち砕いた」と、世界中に宣言して爆撃する。

藤井 世界のかなりの国の世論は爆撃止むなし、となる。アメリカ人の大部分もそれで納得するでしょう。

古田 アメリカ人が納得すればOKですか。

藤井 自国民の説得が第一です。トランプからすれば「一応、俺は北の独裁者の言い分に耳を傾けた。しかし、あいつは俺をだましました。嘘をついた悪い奴はやっつけないとダメだ」という西部劇の論理だから、アメリカ人には分かりやすい。まあ、朝日新聞は納得しないかもしれませんがね。「北朝鮮の言い分に、もう少し耳を傾けるべきだ」とか……。

古田　お得意の「均衡中立性」だものね。もう崩壊しているのに、どちらの味方か見えているのに、均衡中立性を装う（笑）。

遷延策は朝鮮半島の伝統

藤井　朝鮮の金英哲党副委員長が訪米したとき、トランプは「時間がかかってもいい」と伝えました。どういうことかというと、「非核化を考えて実行していくための時間はかかってもいいよ」ということです。北朝鮮はロシアやチャイナと関係を調整する必要があるし、国内もいろいろありますから。しかし、アメリカはその間、北朝鮮への制裁を解きません。だから、引き延ばし作戦をやって、時間がたてばたつほど、北朝鮮の経済は苦しくなります。拉致も解決しようとしなければ、日本からの「お金」もアテにできなくなる。

古田　歴史上、何度も同じ行動パターンをとると、それが子々孫々伝わり民族に染みついてしまう。これを私は「歴史態」と呼んでいますが、李氏朝鮮時代から遷延《せんえん》（引き延ばし）策は、朝鮮人の伝統でした。

たとえば、満洲族が中国大陸に攻め入り、清国をつくります。その前に、李氏朝鮮は徹底的に攻められ敗北し、一六三七年に三田渡《さんでんと》盟約を飲みます。それまで、李氏朝鮮は満洲族に対して尊大で高圧的な態度を取っていたのですが、立場が逆転してしまい、清のことを「大国」と呼ばなくてはいけなくなった。先の盟約中に「相互に通婚し、もって和好を固む」という項目がありました。これは李氏朝鮮にとって、とても困ることだった。

藤井　なぜですか。

古田　満洲族を野蛮な連中だと思って忌み嫌っていたからです。困り果てた高官たちは「引き延ばしてください」と王に懇願し、知恵を絞って高官の妾《めかけ》の娘で十一歳とか、十二歳の幼女を名簿にして渡し、育つまで待ってくれと嘆願します。

この他にも、馬を寄越せと言われれば分割払いにしてもらい、総頭数をごまかしたりしています。また、良家の子女を女官として寄越せという項目もあった。それも嫌だから、李氏朝鮮は酒場の女を集めて送っている。『瀋陽状啓』という古い文書には、本当に「酒場」と書いてあった（笑）。

そういう酒場女を派遣したところ、瀋陽で満洲族の男たちが集まって、その女たちを調査した。すると、「これが良家の子女か！」と目を剝《む》いて詰問。李氏朝鮮の宦官《かんがん》（注1）は「実は酒場の女です」と正直に暴露してしまう（笑）。「本当に良家の子女です」とは、さすがに言わない。自分の保身しか考えていないから、すぐ実態をばらしてしまうんです。

結局、満洲人に連行された李朝の女たちが暴言を吐いたり、暴れたりするものですから、清朝側が、それほど女性たちが嫌がるならば、もうあきらめよう、となった。そういう歴史態を北朝鮮は持っているから、相手の諦めるのを待っているというわけ。弱小国の防御的な戦術です。

藤井　まさに伝統芸、お家芸だ。同じことは韓国の対日慰安婦攻撃の姿勢にも表れていますね。

古田　そうです。歴史的にやったことは本当は変えられないけど、歴史解釈は変えることも可能。でも、民族の「歴史態」は変えられない。それが未だにあらゆる面で、にじみ出てくるのですね。そういう意味では、北朝鮮が遷延策をやるのは当たり前といってもいいのです。

注1 宦官：去勢された男子で、宮廷や貴族の後宮に仕えた。中国では周代から清末まで存続し、朝鮮では李朝終焉まで存在した。古代日本では内宮の女官や天皇の側室候補を「内侍《ないし》」といったが、シナ・コリアでは宦官を内侍といい、男である。イランのササン朝、ビザンチン帝国、ウマイヤ朝などにもいた。英語では、オスマントルコのイェニチェリからとって、eunuch〔juːnək〕という。

北朝鮮の遷延策に勝算はあるか？

藤井 時間軸を広げて考えると、北朝鮮の遷延策に勝算がないわけではありません。二〇一八年十一月の中間選挙で、共和党が下院で過半数を割りましたし、もし、トランプが二〇二〇年の大統領選挙で落選したら、二〇二一年の一月にホワイトハウスを去る。

古田 二〇二一年一月というと、あと二年くらいの我慢でいいわけか。

藤井 二〇二〇年秋の大統領選挙でトランプが再選されても、二〇二五年一月にはトランプ政権は終わります。アメリカは良くも悪くもデモクラシーだから、次は民主党から大統領が出る可能性が高い。ヒラリー・クリントンは無理だとしても、それがオバマみたいな、北に対して「戦略的忍耐」しかできない無能な大統領だったら、元の木阿弥です。たとえ、それまでに核を放棄したとしても、トランプ以降は、北朝鮮はいくらでも核兵器をつくることができます。ノウハウはあるし、人材もいる。

古田　核開発を再開する可能性は十分にあり得ますよ。技術は技術者たちの「脳と体《たい》得《とく》」にありますから。

藤井　早ければ二年、遅くても六年で、トランプが大統領でなくなる。その間ずっと金正恩が生き延びればいい。今は、ちょっと怖いオッサンが出てきたから、とりあえず生き延びるために頭を下げ、「分かりました」と言って時間を稼げば勝ちなんです。

実際イランは現在の核合意で、二〇二五年から先は規制が外れていきます。つまり、二〇二五年以降、イランが核開発をやる可能性は高い。それまでにどんどん自由化して、レジーム・チェンジがあって、自ら「核兵器は持ちません」となるかもしれないけれど、今の体制だったら核開発を再開するでしょう。その時はイランと示し合わせて、北朝鮮もやればいいわけです。

要は、時間軸を広げて考えたら、北朝鮮は一回はギブアップしてもかまわない。コンプリート（完全）だけれどパーマネント（永遠）ではないのだから（笑）。生き延びるために卑劣な外交は何でもやる。でも、それは彼らからすれば卑劣ではない。時間軸を広げて考えるだけのことですからね。

古田　それはそうでしょう。二十世紀の歴史学者マイネッケが、「（小国は）権力が乏しければ乏しいほど、ますます強く国家理性（＝国益）の強制によって醜い手段の使用に追いやられることがある。このことによって、小国の一段と不愉快な政策は、もはや道徳的に非難されず、むしろ因果的に説明され是認されたのである」（『近代史における国家理性の理念』）と述べているほどです。

藤井　最悪、金正恩は六年ぐらい、じっと「面従腹背」で我慢すればいいんです。

古田　でも、短気な彼にとっては六年の我慢は無理でしょう（笑）。

藤井　いや、二〇二〇年にトランプが負ければ、二年かもしれない。だから、トランプに花を持たせて、まずは現体制が生き延びることを優先させる。シンガポールでの一回目の米朝首脳会談で合意文書にサインしたのは、そういうことだろうと思っています。アメリカ側もそれは分かっているから、とりあえず核弾頭を抑えようとしている。リビアよりは核開発が進んでいるだけに、ウラン濃縮施設等々の廃棄を全部やったら、かなり時間がかかるし、ＩＣＢＭを解体して持ち出すのにも時間がかかります。リビアのように三カ月では済まない。そこで、実務的な問題はさておいて、まずは首脳会談で核廃棄を約束させたんです。

北朝鮮とイランは核問題でつながっている

藤井　私は二〇一七年の暮れまで、「北朝鮮は核武装を諦めないから、アメリカは核弾頭が二、三発あっても構わないという結論になるのではないか」と考えていました。しかし、二〇一八年になったら本気で核兵器を取り上げようとしていることが分かった。意外にトランプって、マジなんです。なぜか。最大の問題は北朝鮮ではない。イランだからです。

古田　北朝鮮が核武装できると、イランも核武装ができてしまう。

藤井　そういうことになりますからね。「核に関しては、イスラエルのことがあるから、アメリカはイラン問題の方が大事で、北朝鮮問題は大事ではない」という人がいますが、それは素人考えです。北朝鮮とイランは表裏一体。北朝鮮が核武装できたらイランもできる。だから、今、アメリカは、イランの軍拡を止めるために北を抑えようとしているのです。

古田　そうだとすると、北朝鮮の核開発技術者たちの流出を止めないといけませんね。みんなイランに流れる恐れがあります。

藤井　その通り。核兵器をつくった技術者がいる以上、機材を押さえたところで、彼らがイランにいけばつくることができる。

古田　頭と体に入っているからね。

藤井　そこが悩ましい問題なんです。今はそういうレベルに来ていて、関係国はいろいろと考えているでしょう。私がプーチンだったら、金正恩に「核弾頭が十五発あるなら、無条件でアメリカに十発出せ。俺のところで五発預かってやる。お前の政権が危ないと思ったら返してやる」と言いますね。この提案を金正恩は飲むのではないでしょうか。

古田　きわめて具体的な交渉条件ですね（笑）。でも、ロシアと北朝鮮はそんなに仲良くないですよ。

藤井　金正日とプーチンは仲が良かったと聞いています。北朝鮮がアメリカとディールをやるとき、誰が保証人になってくれるのか。今、頼るとすれば、ロシアしかないですよね。要するに、プーチンがアメリカと北朝鮮の仲介者として出てくる。そして、言うことを聞かせるという図式も考えられます。

古田　仲介役は、少なくとも習近平ではないでしょうね。

藤井　厳密に言うと、北朝鮮は核保有国の二、三歩前で止まっているというのが現実です。繰り返しますが、核弾頭があり、ミサイルを飛ばしましたというだけではダメなんです。核弾頭をつけて何千キロか飛ばし、爆発させない限りは本当の核保有国とは言えません。したがって、北朝鮮が次の核実験をやり、次のＩＣＢＭの発射実験をやらない限り、開発は止まったままです。アメリカとすれば、今のままならそれほど困らない。

古田　つまり、今度、核実験なりミサイル実験をやったら、アメリカは北朝鮮を爆撃するということですね。

藤井　そう思います。ただし、二〇一八年十一月の中間選挙まで、アメリカは膠着状態のままでよかった。何かやるとしたらこれからです。中間選挙の前にばかばかしいことはやらない。

中間選挙に向けてトランプがアメリカ中をまわり、あちらこちらで演説しましたが、なかなかドスの効いた話もしていました。たとえば、「米朝首脳会談は大成功。だけど、半年後に失敗だったと言うかもしれない」。要するに、「半年後に失敗だったと言わせるな。俺が失敗だと言うことは、どういうことになるか分かっているだろうな」ということであり、「俺に失敗したと言わせるなよ」と金正恩に言っているわけです。

古田　メチャクチャ脅しをかけたのですね。

藤井　ドタ勘的にいうと、年内に「北朝鮮の核の現場に査察が入る」というニュースが出ないと、アメリカは対北外交を失敗だ、と認定するのではないでしょうか。

第二章　高麗連邦の成立と朝鮮半島の行く末

文在寅政権は、南ベトナム解放戦線（ベトコン）

古田　北朝鮮の遷延策に、アメリカはどう対応しますか。

藤井　前章でも話しましたが、米朝首脳会談後でも選択肢は三つです。まず、「リビア方式」で、ABC兵器すべてを廃棄する。「完全かつ検証可能で不可逆的な非核化」（CVID）は二〇一八年七月、ポンペイオ国務長官が訪朝して交渉に臨んだとき、まな板に載せていますが、「リビア方式」を主張しているのはポンペイオの他に、ジョン・ボルトンが民間人だった時代も言っていました。そのジョン・ボルトンが大統領補佐官として、ホワイトハウスに入った。さらに、ハリー・ハリス太平洋軍司令官が駐韓大使に指名されて、着任しました。トランプ政権の北朝鮮政策のスタッフは強硬路線派が主流です。トランプ自身は「リビア方式でやる」と言っていないけれど、人事にトランプの本気度が窺《うかが》えるのではないですか。なにせ、あのマティス国防長官が一番ハト派ですからね（笑）。

古田　でも、北朝鮮が「リビア方式」を受け入れるかなあ。

藤井　時間はかかってもいいのです。それを受け入れないと第二の選択肢で、アメリカは攻撃に出て、金正恩を殺す可能性があります。それから、第三の選択肢は、一番穏健なやり方で経済制裁と軍事的圧力をかけ続ける。この三択です。

古田　そうでしょうね。

藤井　リビアのカダフィ大佐は、殺されるか受け入れるかの二択で、受け入れるほうを選んだ。その後、彼の政権は足掛け八年もっています（最終的には内戦などの過程で死亡）。アメリカとしては、受け入れた後にどうなるかはカダフィ次第で、いつまでも責任は持てないということだったのでしょう。

古田　「リビア方式」か、爆撃して潰すかしないと、結果的に核が北朝鮮に残ってしまいます。アメリカが「リビア方式」で核を処分をするのが最も望ましいと思うけれど、交渉が長引くと、その間に文在寅がやっているような南北融和が先行し、韓国と北朝鮮が連邦政府を樹立したら、核の処理は困難になります。

藤井　北が核をもったままで一体になれば、日本に対してもアメリカに対してもチャイナに対しても、核武装国として威張れるという世論が韓国内でも多いでしょう。

古田　そう。自分たちは「国の主人」になれる、日本なんかメじゃなくなると、思い込んでいます。

藤井 これは古田先生の専門だけれど、北朝鮮の統一戦線副部長の孟京一《メンギョンイル》が平昌オリンピック代表団の一員として韓国に行き、ひと月近くいたと言われています。完全に南北統一に向けてのシナリオの打ち合わせは済んでいるのではないですか。すでに南北一体でしょう。

古田 文在寅は自分たちを、ロウソク革命で暴虐な政府を倒した革命政権だと思っている。気分だけはもう、南ベトナム解放戦線（ベトコン）（注1）ですよ。

藤井 そうそう。反共だった「大韓民国」を潰すための革命政権ですね。だから、図式は南北朝鮮vs日米。統一する前の段階の「高麗連邦」（注2）は安全保障と外交が一体になり、国内体制の統一は後回しでしょう。そうなったら、北朝鮮が優位に立つ。そこまでもっていって、在韓米軍を撤退させることができれば、北朝鮮の勝ちだ。

古田 もし連邦制を始めたとして、まともな状態になるまで十年以上はかかりますね。はっきり言って、どちらも統一するだけの力量がない。北は「古代王朝」まるだし、南は「近代化不完全国家」だから古代に回帰しやすい。ついでに古代の特徴は、「専制支配・身分制・巨大建造物」です。東西ドイツ統一の時とはわけが違うんです。それに、果たして、連邦制までいけるかどうか。中国が南北統一を嫌がっていますよ。

藤井　そうですね。南北朝鮮に微妙な温度差があるとすれば、北朝鮮のほうはチャイナと距離をとりたがっていて、韓国の文在寅はそれが分からずに、チャイナとも近いことがいいことだと思っている点です。しかも、文大統領はチャイナと仲良くすることは北朝鮮の役に立つとさえ考えているのではないですか。

古田　そうだと思います。三十八度線で「島化」した国家なので、中国のことを全然知らないのですね。北と違って実感がありません。

藤井　北朝鮮からすると、「南の容共の連中はまだ主体思想を分かっていない」と言いたいでしょうね（笑）。

古田　北朝鮮が中国の勢力をせき止めてきたことを、文在寅は分かっていません。

注1　南ベトナム解放民族戦線：一九六〇年に結成された反米・反南ベトナム政権を標榜する勢力の統一戦線。南ベトナム政権は「ベトコン」と呼んだ。その実体は北ベトナム正規軍によって構成されていた。

注2　高麗連邦：一九八〇年の朝鮮労働党第六次大会で、北朝鮮の最高指導者だった金日成は、

南北朝鮮の統一構想として、「一民族・一国家・二制度・二政府」という高麗民主連邦共和国を提唱した。

南北ともに連邦制への移行と核兵器の温存を狙っている

藤井　「核の廃棄」に関して、北朝鮮は「未来永劫、核兵器を開発しない」ではなく、「とりあえず廃棄するだけ」と、内心考えているのは間違いない。アメリカは未来永劫、完全に核兵器の開発ができないようにすると言うけれど、北朝鮮が止めるとしても、「とりあえずやめる」だけ。いったんは核廃棄に合意して、設備を破却するにせよ、持ったままにせよ、高麗連邦が成立したら、また開発を始める可能性はある。

古田　それは必ずやりますよ。

藤井　たとえ核開発施設の設備を運び出されても、ウラン濃縮器にしろ何にしろ、買えばいい。イランは二〇二五年以降、核開発ができるようになりますから、友邦であるイランに核開発の人材を送って預かってもらったら、その後、タイミングを見て、設備を導入するだけで核開発を再開できる。

まあ、悪知恵をいろいろ考えると、千五百カ所と言われるミサイル施設や核施設をアメリカ軍の部隊が検証しに行ったとして、情報コントロールに長《た》けた政権だから、どこかに核弾頭を二～三発くらい隠そうと思えばできます。

古田　隠してもしょうがないでしょう（笑）。

藤井　ミサイルに載せなければ、自爆する以外に使い道がない。だから、核弾頭だけがあってもしょうがないと言えばしょうがない。でも、いろいろと考えていると思うんですよ。核弾頭をイランに流せば、お互い技術開発を進めることができるし、あるいはロシアやチャイナ（北部戦区）あたりに核兵器とミサイルを運び入れて、しばらく預かってもらう……。北は思わぬことをやるじゃないですか。

古田　いくらなんでも、そこまではしないと思いますよ。そんな交渉をする勇気がありませんよ、歴史態が弱小国だから（笑）。ただ、核を手放したら、北朝鮮は終わりです。全く価値がなくなる。

藤井　同感です。

古田　だから、彼らは核を絶対に手放したくない。何とか南北融和に持っていって、核を温存したまま連邦制に移ろうとしているに違いないと思います。そうしたら、お金は南からどんどん入ってくる。これを狙っている。

藤井　その通りだと思います。対米交渉を引き延ばし、南北統一を加速させる腹ですね。

「拉致被害者」は返せない理由がある？

古田　一方、拉致被害者を帰して日朝国交正常化を実現し、日本からもお金をもらうことはあまり考えていないでしょう。というのは、拉致被害者を返せないと思うんです。米朝首脳会談の前に、韓国系アメリカ人が三人解放されましたが、あれは「人質」だから帰せる（注1）。

藤井　初めから交渉用で捕まえた人質なので、条件が整えば返すわけですね。

古田　そうです。しかし、あちらの感覚だと、日本人の拉致被害者は奴隷だと思って拉致されたと思います。

藤井　どういうことですか。

古田　さっきも少し言いましたが、昔あの辺の人々は略奪隊を出して、奴隷狩りをしていました。それを地方官が防いだり、派兵して取り戻したりするのだけれど、すごい数なんです。特に、自分たちで農耕をしない満洲族は拉致奴隷を連れてきてやらせていました。だから、何百人単位で人間を捕まえた。そういう古来からの伝統があるので、頭の中にあるのは「必要だったら拉致して、奴隷にしたらいい」という歴史態なんです。

ちなみに、奴隷には拉致奴隷と、債務奴隷と、敗戦奴隷がいます。拉致被害者は拉致奴隷ですよ。ソ連の「シベリア抑留」は敗戦奴隷です。気になるのは、そうなると物扱いですから、ちゃんとした名簿とか、行方とか、彼ら自身が把握していない可能性がありますす。日本人が現地に入って洗い出すしかないかもしれない……。シベリアの時もそうでした。

藤井　北朝鮮が狙っていることに関しては同意見だけど、拉致問題に関しては可能性があると思います。アメリカは相当、強硬ですから、核問題とともに拉致問題にも力を入れると、私は思います。トランプが拉致被害者家族に会ったのは、その意志の表れでしょう。リビアは、一九八八年のパンナム機の爆破テロに関して、補償金を払わされました。アメリカ人が一番死んでいるから、アメリカはそこまでやったのでしょうが、我が国の拉致問題は現在進行形のテロです。それを含めて決着しないと、ご褒美は一切ないということをアメリカに約束させないといけない。その代わり、日本は貿易問題でかなりの妥協を強いられるでしょう。

注1 韓国系アメリカ人の解放：二〇一八年五月、平壌を訪問したアメリカのポンペイオ国務長官が、スパイ、敵対行為、国家転覆陰謀などの罪で労働教化刑を宣告された韓国系のアメリカ人三名を連れて帰国した。

韓国から日本に亡命する「脱南」がこれから増える

藤井 韓国と北朝鮮はもはや統一まっしぐらです。しかし、統一を進めるのは、文大統領の本心からの使命感に基づく政治信念です。「大韓民国体制」を革命する政権だから、いずれにしろ韓国はなくなるのではないですか。

古田 最近、韓国に対して悪い予感ばかりがするんです。たとえば、「韓国が滅びる」という言葉が頭の中に降ってくる。滅びるのは北朝鮮が先だと考えていたので、おかしいなあと不思議でならない今日この頃なんです。

藤井 ハハハ。

古田　ただ、予兆となることがあったと思っています。一九八〇年代に韓国へ留学したのですが、そのとき、高麗大学出の魯会燦《ノフェチャン》という男から「マルクスを教えてくれないか」と頼まれたことがありました。当時、韓国では『資本論』は「禁書」で読んではいけなかった。韓国でマルクス主義文献の解禁が八三年だから、八二年のことだったと思います。当時の私は二十六歳でレニングラードに行き、そこで失業者の群れを見るまで『資本論』を熟読していました。三回ぐらいは読んだはずです。なので、知らないものではないし、根が親切なたちなので（笑）、彼にマルクス主義の初歩を手ほどきしました。

ネットで調べたら、魯は当時、偽装就業していたけれど、一貫して左翼労働運動の活動家でした。あの国は、労働者を奴隷のようにコキ使いたい企業側と、隙あらばサボりたい労働者側が対立するから、労使双方が仕事好きという日本とは全然違う。労使関係は過酷なんです。きっと、マルクス主義は役に立ったはずです。

藤井　なんと、古田さんが「韓国マルクス主義」の父・始祖だったとは（笑）。

古田　その後、彼は逮捕・収監されました。監獄で何をやったのかと尋ねたら、中庭でテニスをしていたそうです。あの国の思想犯・政治犯は将来、偉くなるかもしれないので、刑務所での扱いが違うのだとか。

それはさておき、彼は出獄後、民主労働党という極左政党の結党メンバーに加わり、代表にまでなった。民主労働党は今、正義党、ジャスティスパーティーという名前に変わっています。

藤井　韓国人は「正義」が好きだよね。

古田　そう、大好きなんです。北村寿夫《ひさお》の小説『笛吹童子』の「白鳥党」みたいでおかしいですね。それで、魯は正義党の院内代表の地位についた。モノの分かった大人で人気も高かったのですが、なんと二〇一八年七月二十三日に自殺したんです。

藤井　なぜ、自殺したのですか。

古田　四千万ウォン（約四百万円）の収賄容疑をかけられたためです。韓国というところは、五千万ウォンぐらいの収賄など、日常茶飯事のようなものです。たった四千万ウォンで自殺するなんてことはあり得ない。ということは、韓国で何かが起こっている。

藤井　何が起こっているのですか。

古田　韓国にはマルクス主義の左翼と、北朝鮮の政治思想である主体思想の左翼があり、魯はマルクス主義の左翼の人だった。

藤井　なるほど。負け組だ。

古田　そう、ソ連が崩壊した後、多くのマルクス主義左翼が主体思想左翼に移った。今の文在寅政権は主体思想の左翼人による政権です。前にも言いましたが、主体思想とは、金日成が唱えた「人間は自分の運命の主人だ」という、コリアのローカル思想で、「国の主人になったことがない人たちのファンタジー」です。そして「国の主人」を成し遂げたのが金家だというのが、北の「革命伝統」という真っ赤なウソです。

前の朴槿恵があまりにもひどかったから、従北勢力の文在寅が政権を取ったのだけれど、いろいろと調べたら、情報活動をする組織である国情院と軍の「機務司《キムサ》」の二機関が文在寅に押さえられたことがわかった。「あ、これか」と閃くものがありました。これから誰がどんなことをやったかを暴き出して、次々と邪魔者に弾圧を加えるでしょう。魯の自殺はそのあたりと関係しているのではないか。

藤井　なるほどね。

古田　おそらく韓国の保守派はどんどん日本に逃げてきますよ。「脱北」ならぬ「脱南」……。そういうすごい状態になっているんです。

藤井　日本ではなく、アメリカに行くのではないですか。

古田　いや、日本だと思う。韓国の保守派はアメリカより日本に知り合いが多いんですよ。もう釜山《プサン》に転居した人もいると聞きます。

藤井　来てほしくないいな（笑）。

北朝鮮で最も危ない職場は鉱山

古田　二〇一八年四月の南北首脳会談で出された板門店宣言には、年内に「終戦を宣言し、休戦協定を平和協定に転換し、恒久的で強固な平和体制を構築するため、南北米三者、または南北米中四者会議の開催を積極的に推進していくことにした」という文言が盛り込まれました。本来ならば朝鮮戦争の当事者である中国が入っていなければおかしいのだけれど、早くやろうとして、「中国抜き」を画策した形跡があるんです。南北米で協議して、早く平和体制を構築する。そうすると核が抜けなくなる。つまり、核を持ったまま統一しようという悪いことを、南も北も企んでいる。電話でやりとりしてツーカーの仲と思われる文在寅と金正恩は、まずは連邦制に向かってどんどん準備を進めるという魂胆です。それで、保守派のみならず左翼であっても、「反北朝鮮」の邪魔者は政治弾圧し、次々と消していくという構図が見えた。だから、韓国は滅びるだろうと先見したわけです。

藤井　実際に、韓国は「瀬取り」をやっていて、北への経済制裁を解き始めていますね（注1）。

古田　そればかりか、二〇一八年七月二十四日には、ＤＭＺ（非武装中立地帯）の見張り所を段階的に撤去する方針を表明し、二十七日には韓国陸軍の十二万人削減や、二十一カ月の兵役期間を十八カ月に短縮することが発表されました。九月十九日の三回目の南北首脳会談は決定打で、南北の国防相が署名した「軍事分野合意書」は、韓国の武装解除ですよ。それに基づき、板門店のＪＳＡ（共同警備区域）内の地雷撤去、見張り所撤去、火器撤収が行われ、十月以内に非武装化が完了、十一月からは軍事境界線上の飛行禁止区域が適用され、北朝鮮軍の最前線の監視ができなくなりました。これに対して、在韓米軍は九月二十五日、「ＤＭＺ内のすべての活動は国連軍司令部の判断が必要だ」と牽制しました。アメリカはこの軍事分野合意書のすべてに同意したわけではないということです。

藤井　これにはアメリカは激怒した。ところで、韓国内で、北に向かって「暴走」する文在寅政権を止める力はないのですか。

古田　韓国民は全然知らされないまま、統一の準備が着々と進行しています。マスコミに従北勢力が入っていて、文在寅政権を「進歩派」と呼んでいる。要するに、彼らを「いい人たち」と韓国民は捉えているし、北朝鮮を悪い国と思っていません。金大中、盧武鉉、文在寅と、進歩的な大統領が首脳会談をやり、北との友好関係が構築されていると思い込んでいる。日本のように、共産主義に対する幻滅がまだない。マルクス主義文献の解放が一九八三年、民主化宣言があったのは八七年ですから、かなり遅れているんです。

藤井　どうしようもないわけだ。脱北者も肩身の狭い思いをしているようですね。彼らも「脱南（脱韓）」と称して欧州などに逃げる準備をしている。連邦国家になったら、まっさきに捕まる可能性が高いから。

古田　しかし、もし連邦制になったとしても、生活水準が全然違うから、絶対にうまくいくわけがありません。日本の新聞記者で未だに「北朝鮮もそこそこ発展している」とバカみたいなこと書く人がいるけれど、それは都会（平壌）だけを見ているからで、地方はひどいものです。

藤井　そうでしょうね。

古田　二〇〇二年に地方を見てまわったとき、あまりの惨状に驚きました。たとえば、山につくったトウモロコシの段々畑がたいがい崩れているんです。インカ帝国は山を下から掘り、出てきた石を積んで石垣にしたけれど、北朝鮮は上から畑をつくっていて、石垣で支える構造ではないから、それは崩れますよね。しかも、山から崩れてきた土砂が中洲に溜まって堆積し、洪水になりやすい。

藤井　危ないなあ。

古田　炭鉱などは最も危険な職場で、添え木すらない。だから、雨水が染み込んで落盤事故が起こる。北朝鮮に貴重なレアメタルがたくさんあるとよく言われるけれど、どうやって掘るのと言いたい（笑）。

藤井　「奴隷」というか「囚人」たちを使って掘っているんじゃないですか。

古田　そう、あそこは囚人などがいくところなんです。収容所から連れていって掘らせています。後は除隊軍人の食い詰め者が集まる。この構図は二〇〇二年も今も変わらない。

藤井　北朝鮮には昔から金鉱があるけれど、本当に奴隷労働で掘っている。精錬する時に水銀を使う。狭いところで水銀を使うと水銀中毒になってしまうが、奴隷だから死んでもかまわない。だから、コストが安く精錬できる。政治犯をみんな奴隷化して使っているから恐ろしい話です。

古田　協同農場も全然ダメ。大きな岩が山から落ちてきていて、あちらこちらにボコボコ転がっている。この目で見ました。あんなものは耕すも何もできやしません。だからみんな協同農場には行かないで、家の周りにある自分の農地、中国でいう「自留地」（一部の土地を農民個人に任せ、収穫した作物は個人の所有となる）でタバコの葉を栽培しています。それを市場に持って行って買い取ってもらい、タバコの葉は平壌にあるタバコ工場に入る。

藤井　平壌にはブリティッシュ・アメリカン・タバコの工場があります。そこは有名ブランドのタバコを輸入した後、再輸出する方法でドルを稼いでいるそうです。

古田　アングロ・サクソンは抜け目ないんですね。まあ、北朝鮮はそんな惨状です。そのことをなかなか理解してもらえない。こうやって言うのもはばかられるほどです。

藤井　古田先生は、言うにはばかられる話ばかりですね（笑）。日本にも、言論の自由はないんだね。

古田　そう、私には若い時からずっとなかった。ソ連で失業者の群れを見てしまってから、左筋の学者に「論文書くな」と言われ、左筋の編集者から「原稿、書き直せ」と言われ続けましたからね。戦前と同じ。立場が変わっただけ。

藤井　大学なんかにいるからですよ（笑）。

古田　韓国もひどい国だけれど、曲がりなりにもあの状態を保っています。北朝鮮と一緒になったら韓国がますます大変です。でも、そんなことを国民に全く知らせていないから、北朝鮮に幻想を抱いて、統一を夢見ている。実際に連邦制が始まったら、グチャグチャになると思います。

藤井　韓国は粛々と滅びの道を歩んでいるわけですね。自業自得と笑ってはいられない。

注1　瀬取り　洋上において船から船へ船荷を積み替えること。二〇一七年九月に採択された国連安保理決議により、国連加盟国は北朝鮮籍船舶と洋上での物資積替えを禁止しているが、二〇一八年五月に韓国船籍のタンカーが東シナ海の公海上で北朝鮮船籍のタンカーに横付けしたことが確認されている。

現代の「生麦事件」と被害者ヅラした朴槿恵

藤井　私は文在寅政権が生まれたときから、韓国は、やがて消えてなくなると思っているんです。

古田　身も蓋もない話ですね（笑）。

藤井　論理的に言うと、主体思想が正しいならば、「南の方は日本とアメリカが作った偽物国家である。恥ずかしい。北の方に回帰しなければいけない」ということになる。そういう考えでやってきた文大統領と大統領府のスタッフが韓国をなくそうとしているわけだから、なくなってもおかしくないでしょう。

古田　しつこいようですがもう一度分かりやすく言っておくと、主体思想は、金日成が「人間は自分の運命の主人だ」と言ったことが眼目です。韓国や北朝鮮で「主人らしく」という言葉をよく使います。要するに、「俺たちは国の主人になったことがないから、国の主人になりたい」という思想なのです。八月十五日の解放記念日で、文在寅が「朝鮮半島の問題は我々が主人だという認識が重要だ」と言った、あの「主人」のことです。

藤井　願望だね。でも、外から見ると、意味がまったく分からない。

古田　日本はずっと自分が国の主人ですからね。そして一九八二年に、金正日が「主体」を金日成に入れ替え、「指導者が主体だ」としたことで、独裁思想になってしまいました。ここのところは文在寅政権以外の韓国人はまだよく知らない。

藤井　主体思想というけれど、本来、思想は主体的でなければ意味がないでしょう。

古田　正解です（笑）。

藤井　私はこういうふうに理解してきました。二項対立で考えると、「主体思想」の反対語は「事大主義」なのではないか、と。「事大主義」の逆と考えれば、わざわざ「主体」と言うことに意味がある。

古田　朝鮮はいつも「事大主義」だから、主人らしくなりたい。そういう理解もできますね。だから、彼らにしか通じないものですが、この研究を私は長年やってきてしまったんですよ（笑）。

藤井　ご苦労さんでした（笑）。

古田　ただ、北朝鮮はソ連の傀儡《かいらい》から抜け出すときにこれが必要だったんです。

藤井　そうでしょうね。

古田　それから、文化大革命の影響を排除するときにも、主体思想が必要でした。そういう点では、彼らにとって意味があるものです。でも、周りの国にとってはなんの意味もない。ただのファンタジーです。

藤井　主体思想でずっと来た文在寅が大統領になり、その同志が大統領府にひしめいている。その点では「勝負あった」といっていいと思いますが、韓国がいずれ滅びると考えたもう一つの根拠は、朴槿恵のときから米韓関係の空洞化が進んでいたことです。それを象徴するのが、二〇一五年三月にマーク・リッパート駐韓アメリカ大使が殺されかけた事件でした。

古田　あれは現代の生麦事件（一八六二年、幕末の薩摩藩士によるイギリス人殺傷事件）だ（笑）。

藤井　パーティーでアメリカ大使のすぐそばに座っていた親北の活動家が切りつけた。襲われたあと、リッパートは歩いて病院に行ったけれど、よく見たら傷が頚動脈のそばで危なかったそうです。ちょっとずれていたら死んでたかもしれない。リッパートは小物だけれど、オバマ大統領のバスケットボール仲間です。

古田　もし、死んでいたら大変でしたね。

藤井　あのときに面白かったのは、見舞いに来た朴槿恵の態度です。日本人だったら、普通はまず謝罪するでしょう。「あんな危険なやつをそばに置いといてなんだ」という話だし、しかも犯人は政府から活動費の補助までしてもらっていたというから、全然セキュリティーがなってなかった。セキュリティーの最高責任者である大統領は、お詫びしなければいけない。ところが、朴槿恵は「私も暗殺されかかったことがあって、大変だった」と言って、被害者ヅラをした。これが、韓国人のやり方です。「責任者はどこにいるんだ！」という話ですよ（笑）。

古田　韓国ではそういう「責任逃れ」を、よくする。お家芸なんです。

藤井　それから、朴槿恵は天安門に登って、「抗日戦争勝利七十周年」のパレードに臨みましたよね。あるアメリカのアジア専門家は、「カザフスタンのナゼルバエフ大統領とロシアのプーチン大統領が参加するのはわかる。しかし、わが国の同盟国である韓国の大統領が、なぜ、あそこにいるのか。まったく理解できない」と言ったそうです。その後にＴＨＡＡＤミサイル配備が遅れる件があり、どんどん米韓の間に隙間風が吹きまくった。朴槿恵の時代でそうだったのだから、親北・従北で北の方が正しいと思っている文在寅が大統領になったから、米韓関係はお終いですよ。

古田　朴槿恵は、リッパート傷害事件やセウォル号転覆事件での「王様不在」、イガンジル（告げ口）外交、文字《もんじ》の獄《ごく》による見せしめ裁判、ムーダン（朝鮮のシャーマン）崔順《チェスン》実《シル》の国政介入事件（注1）、事大主義の中国パレード参加と、公刊されている「韓国史」ではなく、本当の「朝鮮史」の歴史態を継承し体現してしまったんですね。

注1　崔順実の国政介入事件：韓国の朴槿恵大統領と友人の崔順実が関係した政治スキャンダル。大統領府から機密が漏洩した疑惑、崔が私物化していたとされる財団への資金拠出を企業に強要した疑惑、サムスン物産合併に介入した疑惑など、いくつもの疑惑が取りざたされた。朴槿恵と共謀して財界に資金拠出を強要した職権乱用罪などの罪で、ソウル中央地裁は二〇一八年二月に、懲役二十年などの実刑判決を言い渡し、五月には娘を梨花《イファ》女子大学校に不正に入学させた業務妨害などの罪で、大法院が懲役三年の実刑判決を下した。

アメリカの斬首作戦は成功する確率が高い

古田　二〇一八年七月六、七日に、北朝鮮の金英哲とアメリカのポンペイオが会ったときに、アメリカがＣＶＩＤを要求してきて、北朝鮮は、アメリカは強盗同然だというようなこと言いました。あれはたぶん密約があって、アメリカ側とＣＶＩＤかＷＭＤ（大量破壊兵器放棄）をやると約束している。それをアメリカが持ち出したら、「そんなことは言っていない」という態度を取ったから、アメリカが怒ってウラン濃縮の情報を出した。でも、ウランの濃縮は分かっていることであって、やっているに決まっている。ただ、今回初めてカンソンという地名が出てきた。私たちはそこまで知らなかったんです。別の場所だと考えていました。寧辺《ニョンビョン》郡に川があるんですけれど、その対岸かと私は見ていた。しかし、平壌郊外の千里馬にあると伝えられた。こんな場所までアメリカは特定しているということです。

藤井　北朝鮮を追い詰める準備は出来上がりつつありますね。

古田　今後は、アメリカが爆撃するというケースもまだまだあるし、北朝鮮が核を放棄するというケースもある。いろいろなケースがあるけれども、とにもかくにも、北朝鮮は核を放棄はしないでしょう。無理だと思います。

というのは、国内がそれほど安定していないから。歴史を振り返ると、朝鮮半島は「行き止まりの廊下」のような場所で、王様が逃げてばかりいる。つまり、王権が弱体化しやすいところです。朝鮮戦争のときもまずは攻め込まれて李承晩《イスンマン》が逃げ、国連軍が盛り返したら金日成も逃げたでしょう。

藤井　セウォル号が沈没したときも真っ先に船長が逃げ、朴槿恵が行方をくらましました。見事なまでのお家芸です（笑）。

古田　朝鮮半島では王様と家臣たちのシーソーのような歴史態が繰り返されました。李成桂という李朝初代の王でさえ、後継ぎを自分で決められず、家臣たちが決めています。それで五男がクーデターを起こした。そういうところなんです。あそこを独裁国家にするためには、絶えず粛清してないといけない。だから、金日成のやり方は、民族的には非常に正しかった。歴史態を有利に反転させた。

藤井　そう思います。

古田　彼は一生、死ぬまで粛清し続けたといっていい。まず南から来た派閥をぶっ壊し、次はソ連から来たロシア語をしゃべる朝鮮人の一団、中国から帰って来た朝鮮人たちを粛清した。それればかりか、甲山《カプサン》派という自分を信奉する一団まで粛清した（笑）。それで、やっと独裁が確立したわけです。

二代目の金正日は党と軍を戦わせています。最終的に軍が勝ち、追い出されたのが日本に来たこともあり、最終的には亡命した黄長燁《ファンジャンヨプ》。彼は、朝鮮労働党のイデオロギー担当書記で、金正日の子ども時代の家庭教師をした人です。金正日のために主体思想の「主体」を金日成に入れ替えたのも彼で、ハワイ大学の徐大粛《ソデスク》教授が「人民の膏血をすすった人だ」と言っていました。

彼は党と軍の争いではじき出されました。その結果、先軍政治という軍中心の政治が始まり、資金を全て核兵器開発に投入した。これを「苦難の行軍時代」という。一九九五年（宣言したのは翌年）から二〇〇〇年までです。

朝鮮半島では絶えず粛清していないと独裁が保てない。ところが、金正恩は、やることは派手だけれど、おじさんの張成沢《チャンソンテク》と異母兄の金正男《キムジョンナム》という身内しかまだ殺していません。ということは、絶対的に独裁力が弱まっている。李朝のようなシーソー状態になっているという説さえあります。そうだとすると、金正恩がどこかに隠れても、アメリカに通報するやつが必ず出てきますよ。居場所が分かってしまうから、ピンポイント的な斬首作戦はできるわけです。

藤井　そこがアメリカの付け目ですね。

古田　北朝鮮は「密告と暗殺の国」であり、歴史的には外国勢力を平気で引っ張り込む人たちですから、斬首作戦がうまくいく可能性がある。つまり、金正恩は自分の身が危ない。危ないからアメリカの要求を飲んだのです。

北朝鮮が求める「体制の保全」というのは、実は金正恩自身の安全のことです。妹の金与正《キムヨジョン》が絶えずついてまわるのは、金正恩の不安の表れで、下手をすると周り中が敵かもしれない。他人を信用できないから、信用できる身内を一人、置いているだけの話であって、別に妹に権力があるわけではありません。

藤井 なるほど。

古田 要するに、北朝鮮では独裁力が明らかに弱まっている。そうだとすると、金正恩が約束したとしても、朝鮮人民軍が言うことを聞かないかもしれません。ひょっとしたら、朝鮮労働党副委員長で統一戦線部長の金英哲だって言うことを聞いていないかもしれない。そんな状態だと、北朝鮮の場合には遷延策が自然に起こってきてしまう。

藤井 戦略的というよりも、そうせざるを得なくなるわけだ（笑）。

古田 そうです。金正恩の言うこと聞かなくなるから、自然に遷延策になってしまうんです。そうすると、アメリカは堪忍袋の緒が切れて、爆撃するかもしれない。あるいは、文在寅が急いで連邦制を前倒しして、「平和体制」の構築を進め、「こんな国家ができました。アメリカさん、認めてください」となるかもしれない。

藤井 後者のほうは確率は高そうですね。

古田 ただ、韓国が勝手に北朝鮮と終戦協定を結んだら、アメリカは怒るだろうと思います。さらに、そこから、ハシゴを外された中国はもっと怒るはずです。大連で習近平と金正恩が会ったときに、金正恩が「韓国と平和協定を結んでいいですか」と聞いたら、「ダメだ」と習近平がクギを刺したそうです。それは事実だと思います。先に平和協定を結ばれたら核を取り除けない。それはアメリカも中国もよく分かっているから、終戦協定に持ち込むことはなかなか難しいでしょう。

藤井　激しいせめぎ合いが、水面下で繰り広げられているわけですね。

サムスンが国有化されるという噂

古田　このままでいくと、韓国と北朝鮮は、なし崩し的に本当に連邦制へ雪崩込むつもりだと思います。

藤井　そうでしょうね。アメリカの思惑とすれば、ロシアが北朝鮮にいい影響力を行使してもらいたい。これは言葉に出して、アメリカが言っています。それを分かっているから、たぶんチャイナは北朝鮮に「アメリカにもっと突っ張れよ」とけしかけているのでしょう。

プーチンは「米露で組んでやる。こちらの側に来ないと、北朝鮮に将来性はないよ」とささやく。トランプも「チャイナの経済はこれから悪くなる。組んでいると、北朝鮮もどんどん悪くなるぞ」とやる。

古田　トランプの貿易戦争の影響で、中国経済は確実に悪くなりますね。

藤井　「こっちの水は甘いよ」と米露で誘っているのだと思います。もちろん金正恩は遷延策をやり、韓国が統一に前のめりになっているから、核兵器放棄の前に統一してしまい、うやむやにして乗り切ろうという腹でしょうね。その点は私も古田先生の見方と一致しています。

古田　でも、中国は嫌がるはずです。韓国はどうする気ですかね。

藤井　さあ。どうしようもないんじゃないですか。前倒しで連邦制ができたら、韓国人も望んでいる核を持った統一朝鮮という話になりますし。

古田　北と一緒になったら、自分のところの経済がどんどん悪くなるのに、バカなことを考えているというしかない。

藤井　本当にバカなことを考え、実行しようとしている。これから韓国は地獄ですね。

古田　韓国ではサムスンを国有化するという噂もあります。

藤井　これから韓国経済を食いつぶしていくわけか。そうしたら相当食えますよ。

古田　対抗しようにも、保守政治家が弾圧されるのは確実です。すでにかなりやられていて、親玉二人、李明博《イミョンバク》と朴槿恵が監獄にいる。

藤井　国情院の前の責任者もやられたようですね。

古田　文政権は、自分たちの同志を国情院のトップに据え、支配下に置きました。軍の機務司も解体されました。恐ろしいですね。「文一強」ですよ。

藤井　軍という実力機構と情報機関が完全に押さえられたら、もう国家はダメですよ。

古田　南北の国境――正確にいえば、三十八度線の休戦ライン――が消え、南北融和が進んで連邦制になったとしても、先ほども言ったように、南は「近代化不完全国家」、北は「古代王朝」で、統一する力量がないから、グチャグチャと揉めて、当分混乱期が続きます。

　私の考える最悪のシナリオは、非核化は進まず、南北融和で統一国家が誕生すると、中朝国境から中国のブラック企業がどんどん進出してくる。結局、朝鮮半島は中国経済に呑み込まれ、パラサイトにされる……そんなオチじゃないですか。

防衛ラインが対馬海峡・玄海灘に下りてくる日

藤井　ご存じのように、アメリカのディーン・アチソン国務長官は一九五〇年の演説で「ディフェンス・パラメーター（不後退防衛線）」を示し、朝鮮半島は防衛ラインの外だと言った。この「アチソン・ライン」宣言で、じゃぁ、韓国をいただきましょう――ということで、金日成によって朝鮮戦争が起きた。アメリカはおっとり刀で戦うことになりましたが、その後もデタントの最中の一九七六年大統領選挙で、ジミー・カーターが在韓米軍撤退を公約に掲げました。この時はまだ米ソ冷戦が終わっていなくて、「時期早尚だ」と、みんなが止めにかかって実施されなかった。でも、本来、海洋国家であるアメリカにとって朝鮮半島なんてどうでもいいところです。千島海峡から台湾まで防衛ラインを設定し、対中包囲網をしっかり固めることが重要です。トランプは、経済的観点からも在韓米軍撤退を考慮していますね。

古田　そうなると、対馬海峡が防衛ラインということになりますね。日本にとっては、ちょっと由々しき事態ですね。

藤井　南に「米軍がいるから戦争が起きる」と考えるような文政権ができてしまった以上、米軍が朝鮮半島にいる正当性は、もう何もありません。日本人は三十八度線が玄界灘まで下りてくることを覚悟すべきです。

古田　マキャヴェリがこんなことを言っています。「人間は失うことの恐怖よりも、獲得することの希望によってより一層動かされやすいものだ。なぜなら、失うことの恐れは身近に迫らないと信じられないが、獲得することの希望は、たとえ離れていても、期待できるからである」（『フィレンツェ史』）。この先、失うものにもっと敏感になった方がよいという箴言《しんげん》です。

藤井　韓国の呪縛から自由になれます（笑）。まずはアメリカ・日本・台湾の防衛ラインをしっかり固めることです。

古田　三年ぐらい前に、子供のとき聞いた歌のイントロが自然に頭に浮かんだんです。なかなか去らない。ある日、ネットの動画で「無法松の一生」のイントロだと知る。その起源の岩下俊作「富島松五郎伝」（『オール読物』一九八〇年六月号）まで、図書館で読んでしまった。すると歌詞がばらばらと降ってきました。

♪小倉生まれで　玄海育ち　口も荒いが　気も荒い　無法一代　涙を捨てて　度胸千

両で　生きる身の　男一代　無法松……。

歌詞に「玄界灘」という言葉が出てくるじゃないですか。これですね。

藤井　対馬海峡が防衛線になったら、チャイナとの関係もあるから、当面アメリカは日米安保を強化するしかない。

古田　日本中の基地からオスプレイが飛び立つ時代が来るわけか。表紙が真っ赤な日の丸の絵の、五年前の『正論』誌でそんな風に書いたことがあります（笑）。

藤井　それから、日本はもっと抑止力を持つ必要がある。抑止力とはいざという場合の報復力です。通常弾頭でいいから、北朝鮮やチャイナに届くミサイルを保有し、やられたらやり返すという態勢をつくっておけば、少なくとも朝鮮からミサイルがむやみに飛んでくることはない。

古田　日本は、中距離ミサイルを持っていなかったですね。

藤井　三百キロ以上の射程距離があるミサイルをアメリが持たせてくれなかった。中長距離のミサイルを持っていればいい。逆に言うと、「ミサイル防衛」だけではダメです。やって来るミサイルを落としたところで、向こうはいくらでも撃つからね。

古田　それと、憲法（九条）改正が必要になるでしょう。

藤井　当然、憲法改正は必要です。憲法改正するというムードだけで、北朝鮮は、拉致問題にしても態度を変えてくる可能性がある。向こうはちゃんと日本のことを見ていますから。

古田　逆に日本がやってはいけないことがある。まずは、南北が連邦制に動いていっても、日本は関わらない方がいい。関わったところで、防衛ラインが玄界灘まで下りてくるのは目に見えています。藤井さんがおっしゃったように、在韓米軍は根拠を失って撤退するしかないからです。何かをしても、何もしなくても結果は同じです。だから、「助けず、教えず、関わらず」の非韓三原則を厳守するべきです。

藤井　それがベスト。古田さんの非韓三原則は、今や国民の常識です。

古田　ただ、前述したように、韓国から逃げてくる脱南者がこれから増えるでしょうから、難民対策はしっかり準備しなければいけません。

藤井　全くその通りです。ただし、日本に入れないことが理想ですけどね（笑）。そのために、済州島を、米軍が保障占領して日米共同運営の難民収容所を作ればいい。去年、トルコからエルドアン派の学者が来て、「トルコはシリアの難民を人道的に無制限に入れたのが大失敗だった。国境周辺に収容所を作って入れておくべきだった。日本は気をつけた方がいい」と話してくれました。最初の段階で、国内に入れてしまったらお終いです。入国した難民はどこに行ったか分からなくなりますから。済州島なら、まぁいいのでは？

在韓米軍は撤退するよりほかに道はない

藤井　ともあれ、アメリカは南北統一をやむを得ないと見ていると思います。

古田　将来的な米中冷戦状態を視野に入れれば、在韓米軍は地政学的に中国に近すぎて、トリップ・ワイヤー（「寄らば斬るぞ」戦略）にもならず、ただの「人質」になってしまう。となると、絶対に撤退したほうがいいと思うのが当然です。在韓米軍撤退は民主党も共和党も一応支持しているし、ボルトンなどはものすごく支持してるでしょう。だから、いずれ在韓米軍、撤退になると私も思います。

藤井　確かに在韓米軍は「人質化」していて、アメリカは、軍事的選択の上でも大きな制約を受けている。この「不良資産」を早く切ったほうがいいのは自明の話です。しかも、韓国が昔のような反共体制で「是非ともいてください」と言うなら話は別だけれど、「米軍がいるから戦争が起きる」というような文在寅政権が生まれた。親北・従北の大統領は文で三人目ですが、今度は保守勢力と組まず、一本勝ちで当選しています。そこが保守と組んだ金大中や盧武鉉と違います。とにかく文政権ができて南北融和路線を進む以上、米軍が韓国に駐留する正当性は何もない。したがって、アメリカは最終的に在韓米軍を撤退させると思います。

古田　在韓米軍撤退には、終戦協定が必要になるでしょうね。終戦協定を結べば、在韓米軍の根拠が完全になくなります。だから、文在寅も金正恩は絶対にやろうとするわけです。

藤井　ただ、米中対決時代という大きな文脈、碁や将棋でいうところの大局観で捉えてみれば、朝鮮半島問題は、所詮は「小さな駒」に過ぎません。「米朝」「米朝」と言っていたら、全体が見えなくなる。

古田　そうですね。先見には、全体から見た駒の変異の把捉が欠かせません。

藤井　米中間は「冷戦（コールドウォー）」から「熱戦（ホットウォー）」（＝実際に撃ち合う戦争）になりつつあります。少なくとも「貿易戦争」はそうなりました。そういう大きな文脈の中で考えると、アメリカは北朝鮮を少しでも引き寄せておきたい。要するに、平壌と北京の間にわずかでも楔《くさび》を打ち込んでおきたいんです。

古田　しかし、楔の打ち込み方が難しいですよね。

藤井　それができれば、北優位で朝鮮半島が統一しても、いっこうにかまわないとアメリカは考えているでしょう。かえって、中国に対抗するナショナリズムを持っている北朝鮮のほうが好ましく感じられるかもしれない。

　朝鮮半島が、そういう形で安定すれば、南シナ海問題、あるいは台湾問題を含む東シナ海問題で、アメリカは対中包囲網に集中できるのですから。逆に言うと、アメリカは朝鮮半島に関わっている限り、南シナ海で自由航行作戦をやっても腰が入っていない。一度に二つの事態には対処できないのです。

古田　そうなると、問題は中国をどうするかです。次章で考えてみましょう。

第三章　米中戦争——勝つのはどっちだ!?

アメリカの対中経済制裁に秘められた本当の狙い

藤井　二〇一八年春から、アメリカがチャイナに対する経済制裁を始めました（注1）。

古田　いよいよ、米中衝突の時代ですね。

藤井　第一弾は鉄とアルミニウムに対する追加関税でしたが、これは大したことではなかった。アメリカがチャイナから直接輸入している鉄は全体の二・二％だから、ほとんど意味がない。ポイントはヨーロッパに対しても発動したこと。明らかにチャイナを視野に入れています。

古田　どういうことですか。

藤井　世界的な鉄鋼過剰生産の原因はチャイナです。批判を受けたチャイナ政府は国内での生産を減らすといって、実際に減らしたのですが、その一方でヨーロッパ、インドネシアなどに大規模な製鉄所をつくり、鉄鋼を生産している。

古田　さすが。トールキンの『指輪物語』（注2）に出てくる、モルドールみたいな国ですね。世界に暗黒が広がっていく。

藤井　ヨーロッパではセルビアに、チャイナ系オーナーの企業が大きな製鉄所をつくった。ここで生産された鉄鋼はヨーロッパ内に自由に輸出できるし、アメリカにもヨーロッパからの輸出ということで入っています。要するに、迂回生産をやっているわけです。トランプがヨーロッパに対しても経済制裁を課すというのは、ヨーロッパに対して「チャイナにつくのか、アメリカにつくのか」と拳銃をつきつけたようなものです。

古田　トランプの得意技だ（笑）。

藤井　その後アメリカは七月から本格的に対中経済制裁を始めた。第二弾、第三弾の追加関税も発動しました。これに対抗してチャイナも、アメリカからの輸入品に関税をかけた。この応酬はもはや貿易摩擦というレベルではなく、文字通りの貿易戦争です。

古田　米中衝突、はっきり言ってしまうと米中冷戦の開始、幕開けですね。

藤井　二〇一七年の暮れぐらいから、米通商製造政策局のトップに迎えられたのに「ベンチ」にいたピーター・ナヴァロが表に出てきたので、アメリカが対チャイナ政策を本格的にスタートさせると分かりました。彼は単に通商政策だけでなくて、実は軍事のほうも含めて、対中政策の一番の総合的な戦略家です。

古田　アメリカ政府における対中戦略のキーマンというわけだ。

藤井　ナヴァロはトランプ政権がスタートした時点で、わりと脚光を浴びたけれど、目立たなくなった。なぜかというと、トランプの戦略は第一がＩＳ（イスラム国）壊滅だったからです。ＩＳを壊滅させたあとに、チャイナの問題に取り組む。こういう優先順位ができていた。

古田　まず緊急なものからやっつけなくちゃね。懲りずにまた出て来るでしょうけど。

藤井　二〇一七年の暮れぐらいには、ロシアと適度に協力しながらＩＳをほぼ壊滅することができた。そこで、ピーター・ナヴァロが再び脚光を浴び、一連の対チャイナ政策が動き出したわけです。

古田　ピーター・ナヴァロの中国に対するスタンスはどんなものですか。

藤井　『米中もし戦わば』という本が文藝春秋から訳出されていますが、チャイナが軍事的に強くなったのは経済的に強くなったからであり、今の自由貿易体制を利用するだけ利用しているけれど、本質的には強権の共産党政権であり、自由貿易の敵が中国である——というのが彼のスタンスです。「自由貿易に反対している」といって、アメリカのトランプ政権を非難する人がいます。しかし、ピーター・ナヴァロからすれば、「世界で最も保護主義をやっているのはチャイナではないか。その事実を忘れているのはおかしい」ということになります。

古田　なるほど。

藤井　私の出しているレポートの二〇一八年四月号で、「チャイナはいかに自由貿易を歪めているか」というところを詳しく書いたのですが、これは四月十八日のウォールストリートジャーナルに載った、ピーター・ナヴァロの論文をまとめたものです。

ナヴァロが言うには「①チャイナは知的財産権侵害の第一人者だ」。たとえば、チャイナのマーケットに進出させてやるとアメリカ企業にもちかけ、「その代わり特許を開放しろ」「知的所有権を与えろ」と政治的に強要することによって、本来払うべき対価を払わないできた。ただ同然で特許や知的所有権を手に入れたら、製品価格が安くなる。開発したほうは開発費用がかかっているから、当然高い製品にしなければ元が取れない。そういったことがチャイナを非常に有利にしているというわけです。

古田　つまり先進国の第一市場からデザインを盗んで、開発途上国の第二市場に移してプレミアムを稼ぐだけの「卑劣な資本主義」というわけだ。

藤井　次に「②自国市場を保護するために、非常に高い関税障壁を設けている」。これも周知の事実だと思います。

さらに「③中国共産党は国有企業を中心に、無数の輸出補助金や寛大な税金優遇措置、その他の資金援助を行っている。為替レートも独裁的にコントロールしている。だから為替の調整機能も働かない」。為替に関して説明を加えると、人民元は国家がコントロールしているから、経常収支が黒字でも、通貨が強くなって貿易が均衡するというメカニズムが働かないのです。

古田　要するに、中国共産党が国内市場と為替を完全に支配していて、いわゆる、本当の意味での「自由貿易」ではまったくないということですね。

藤井　そうです。そして、最後は、チャイナの政府系ファンドについてです。「④政府が出資する投資ファンドである世界の十大ソブリンウェルズファンド（ＳＷＦ）のうち三つがチャイナであり、見込みのある企業を、法外な値段で次々に買い付けている。アメリカ発の技術革新を利用して、アメリカの安全を脅かすことになっている。だから、ここで全面的に対決しなければいけない」と。

チャイナは国家が経済をコントロールする。いわば「見かけだけの資本主義」でやってきた。アメリカは本当の自由貿易のために、公正なルールでやろうと言っているだけなのだと、ナヴァロは主張しています。

古田　中国の自由貿易は擬制《まやかし》だというわけですね。

藤井　そうです。大体、ナヴァロが言ったとおりに、トランプはやっています。単なる通商問題ではなくて、トランプが安全保障上の問題として、地政学的にもチャイナを見ていることは間違いない。不当な手段による経済発展という根を断たなければダメというナヴァロの発想から考えれば、アメリカの対チャイナ経済制裁は「対中戦争」の一環なのです。

現にペンス副大統領は十月四日の演説で、「中国は政治的、経済的、軍事的手段やプロパガンダを使って影響力を高め、アメリカを西太平洋から追い出し、同盟国支援を妨げようとしている」と、米中対立は貿易の分野にとどまらないことを明言しています。ペレス演説は、アメリカの対中全面対決宣言です。

注1　アメリカの対中国経済制裁：二〇一八年三月、アメリカは通商拡大法二百三十二条に基づいて、鉄鋼とアルミニウムの輸入に追加関税を課す方針を発表し、二十三日に発動された。これは中国だけを対象にしたものではなかったが、七月に中国からの輸入に対して三百四十億ドル分、八月に百六十億ドル分、九月に二千億ドル分を対象とする追加関税を発動した。これに対して、

中国はアメリカからの輸入品に五百億ドル分の追加関税をかける報復措置を実施し、九月の段階では六百億ドル分への追加関税を予定している。

注2　『指輪物語』：一九五〇年代に刊行された、イギリスの作家J・R・R・トールキンが書いた小説で、妖精や魔法使いの国家が戦争を繰り広げる。これを原作とする映画が「ロード・オブ・ザ・リング」である。

「刑は上に上らず、礼は下に下らず」

藤井　アメリカにとって、知的所有権の問題がものすごく大きいと私は見ています。しかし、チャイナは終始、欧米式の価値観を拒絶しています。つまり、近代の法治主義、それに基づく契約精神、知的所有権といったようなものを、彼らは根こそぎ信じていない。でも他に何も根拠がないから、マルクスを引っ張り出している。二〇一八年五月五日がマルクス生誕二百年で、前日の五月四日に中国共産党が大々的にお祝いをしました。

古田　そう。あきれたことに『朝日新聞』も同日、「一九六八年抵抗のうねり」とか言って、紙面で「革命正義」のお祝いをしていました。

中国は国内だけでなく、ドイツにあるマルクスの故郷トリーアにマルクス像を建ててあげた。中国から観光客がそこに来るから、それで儲けようというわけですよ(笑)。

それはさておき、中国を見る時に、「古代性」を無視したら間違えると、私は思います。あの国は「古代的なもの」がいつもまとわりついている。今は国家独占資本主義でやっているけれど、古代性を抱えたままなので、知的財産権なんか絶対に守りません。

藤井　チャイナの古代性とは、たとえばどういうことですか。

古田　今の中国は十三億人いる国民のうちで、都市に住んでいるのは四億人に過ぎません。つまり、ほとんどが農民なのです。ところが、農村の年収はいいとこの層でも日本円でいえば、百六十万円ぐらいしかなくて、ほとんどの農民は極貧です。しかも、進学でも就職でも、さまざまな面で差別されている。その農村から三億人ぐらいが都市に出てきて、出稼ぎ労働をする。雇うほうは「ブラック企業」だから、はっきり言って出稼ぎ農民は「現代の奴隷」です。

なぜ、そうなるのか。中国では古代から都市はすべて商業都市であり、戦争が起きても農民を城壁の中に入れたりしない。ほったらかしなんです。だから、春秋・戦国時代は領主の封建制ではなくて、諸侯によるただの城取り合戦。ゆえに領国ではないから地方の産業化は起こりませんでした。
　農民は税と労役を納めさせるものであり、逆らったら刑罰を下す。「刑は上に上らず、礼は下に下らず」というのだけれど、礼とは作法とかしきたり、マナーのこと。農村には世間知がないので、都市の上層でも農村に移されて育つと無知なままで卑賤《ひせん》になる（『後漢書』逸民伝「王覇妻」、文革期下放の子孫らを見よ）。ものすごく低いレベルのままで、古代から現在まで来ている。言い換えると、あれだけ多くの人口を、古代性が支えているんです。

藤井　要するに、農民は人間だと思われていない。刈ったらまた生えてくる草みたいなもので、それほど税金を取れない。城の中にいて、商業を営む人間のほうが言うことを聞くし、税金もたくさん納めてくれる。これが支配対象の第一ということですね。支配者が都市民を人間と思っているかどうかは知らないけれど、支配の対象ではある。

中国は南シナ海で「通行料」を、月では「着陸料」を取る？

古田　古代性が分かっている人はおもしろいことを言います。たとえば大阪大学名誉教授で中国哲学の加地伸行《かじのぶゆき》先生。中国が南シナ海を手に入れたら何をやるか。きっと通行料をとるだろうとおっしゃった（「南シナ海、通行税取る関所」『産経新聞』二〇一六年九月二十一日付）。中国人がやりそうなことだと、私も思う。

藤井　関所を作ったら、交通は自由でなくなる。それがチャイナ基準ですか。もともと古代や中世には、交通の自由はなかった。

古田　私が一九九四年に満洲にいった時は、人民解放軍があちこちで道の途中に関所をつくっていて、関所だらけでした。さらには、そこで「外国人値段を払え」とか言っていた。中国は昔から都市と都市を結ぶルートに駅があり、そこで馬が飼われていて、馬を取り換えて先に進む。そこの道を塞がれたらアウトだから、関所を作って通行料をとる。この関所の話を『東亜』（一九九四年九月号）という雑誌に書いたら、東京外国語大学の中嶋嶺雄《なかじまみねお》（注1）先生が「よく書いてくれた」と喜んでくれました。

藤井　インドに行った時、ニューデリーから隣の州に入ったのですが、そこでも通行料を取っていました。結局、所得税は取りにくいが、通行税は一番取りやすい。どうしても行かなければいけない人は毎日でも払うんですよ。まぁ、国どうしなら空港利用税は取ったりはしますが、国内移動で、そういうものを今どき取る国は低開発国でしょう。

古田　通行税は古代っぽいが、一番やりやすい。日本でも入国税を取ることになったから、あまり人のことは言えないかな（笑）。でも、官僚が税金を取るためにいろいろと悪税を考えるのは、古今東西、共通したものがあります。

藤井　日本の高速道路はいつかタダになると言われているけど、料金を取り続けている（笑）。

古田　アメリカにも鋭い人がいます。中国が月に基地をつくったら何をするか。「着陸料」をとる。これは絶対正しいと思う（松井孝典「経験主義との決別が国を変える」『産経新聞』二〇一七年八月十一日付）。ピゲロ・エアロスペースという宇宙ベンチャー企業の社長さんが言ったとのことでした。

ちなみに、中国文化はすごいとよく言われるけれど、中国の王朝はほとんどが異民族がつくった。シナらしい文化など南宋代までで終わり。作家の石平さんが日本の寺に面影をたどるシナ文化はここまでです。

モンゴルが来てからは王様のハンコも大根彫って押したりする人が出てきた。明《みん》の諸制度はモンゴルのパクリ。肉料理はモンゴルがもたらし、チャイナドレスは満洲服のパクリ。漢詩なんて、明代以降は読めたもんじゃありません。宋代以前のものをパクってきて薄めて水っぽくなっただけ。中国文学者の吉川幸次郎さんが、元《げん》でシナ文明は絶滅したと言います。つまり、以後はパクリ文化。日清戦争以降は、日本製の漢字語までパクりました。今に始まったわけではないんです。

国家がハードで、民族がソフトだとすると、中国の場合はソフトが五十枚以上もあります。「少数民族」なんて中国の造語に騙されてはいけません。一千万人を超える大民族が四つもある。数千人、数万人規模の部族が約二十あります。

まさに「民族と部族の混合体」というべきなんですね。一つのソフトにまとまれないということです。そこで「中華民族」などというマヤカシを思いついたのが、孫文でした（『孫中山全集』五巻、三民主義、一九一九年）。本当は今でも混合部族の国家ですよ。こんな国が近代化できると思いますか？（笑）都会は産業化しても頭は古代ですよ。

注1　中嶋嶺雄（一九三六〜二〇一三年）：現代中国政治を専門として、東京外国語大学、国際教養大学の学長などを務めた。現代中国論を中心に幅広く執筆し、保守派の論客として活躍した。

中国系アメリカ人の大統領が出たらどうなるのか

藤井　間違いなく米中対決時代に入りました。チャレンジャーのチャイナが仕掛けたのが始まりです。具体的な行動に出たのは習近平が共産党のトップになってからですが、実は毛沢東のときから始まったと思います。ただ、当時は実力がなかったから、それを表に出さなかった。外貨が稼げて、経済力もついたから、習近平は空母のごとき物を作ってみたりして、軍拡ができるようになった。それでも、毛沢東時代の一九六四年に、チャイナは原爆を開発しています。その意味では着々とやってきたわけです。

古田　一九四九年に中華人民共和国が成立したときから、アメリカへの挑戦が始まっていたと書く人が、後世に出てきそう。

藤井　これは、シナの皇帝主義・帝国主義という遺伝子もあるだろうけれど、マルクス主義を捨てていないことも大きい。二〇一八年にマルクス生誕二百年を記念する催しをやった際、「マルクス主義をシナの現実に適応させたのが毛沢東主義だ」「われわれはマルクス主義・共産主義を捨てていない」と宣言しました。それが意味するのは、現在の国際秩序、自由、人権、人道、言論の自由といったものは「ブルジョワ・イデオロギー」であり、一切価値がないということです。そういうメンタリティーで、堂々とアメリカの覇権にチャレンジしている。

ロシアのプーチンはそんなことは言いません。昔のソ連のようになれないのは分かっていて、アメリカと適当に折り合いをつけながら、ユーラシア大陸の真ん中でジワジワッと陣地戦をやって、少しずつ力を広げていこうという考えです。クリミア併合もその一貫です。

古田　そうですね。その点、中国は当然、覇権国を目指すつもりです。世界中を「シナ基準」にしたくてしょうがない。これこそまさに古代性なのですが、最近は中国の専門家たちもそう言っています。

中国経済の小島麗逸さん、軍事史の村井友秀さん、ともに「世界秩序の中国覇権下での再構成」という中国の野望に警鐘を鳴らしています。国家基本問題研究所主任研究員の湯浅博さんは、『中国が支配する世界』（飛鳥新社）という本を十月に出しました。みんな、まだ遠慮するような言い方になっていると思うのですが、本当は「中国の世界征服の野望」を見抜いているのでしょう。確実に中国は、あらゆる面でアメリカと戦っていくと思います。

先日、中国からの留学生に「中国がアメリカと戦ったら、君たちがやられてしまうよ。日本は対米戦争で三万人殺したら三百万人殺された。君たちも百倍返しされるよ」と話したら、「なぜ、アメリカと戦ってはいけないんですか」と答えて、自信たっぷりでした。「ああ、もう自己暗示が始まっている」と思いましたが、今の中国人たちは、そんな感じです。

藤井　留学生ということで思い出したのですが、アメリカは基本的にオープンな社会なので、優秀な留学生が——優秀ではないものも——チャイナから入り込んでいます。卒業したら、アメリカの国籍を取って起業する。そういう企業にソブリンウェルスファンドからお金をつぎ込み、新しいノウハウや特許を持っている企業を育てる。そういった企業に、特にＩＴ系のサイバー戦争に使える企業を買収させているんです。

古田　先ほど挙げられたピーター・ナヴァロの「中国のソブリンウェルスファンドが見込みのある企業を買い付け、アメリカ発の技術革新を利用して、アメリカの安全を脅かすから、全面的に対決しなければいけない」という指摘は、それですね。

藤井　もうそれが現実なのです。たとえば、無人航空機のドローンはイスラエルが発明し、アメリカが戦略的に発展させたものです。今はチャイナで全く同じようなものを作っていて、値段が十分の一だから、世界で一番売れるのはチャイナ製のドローンになっています。同じようなことがさまざまな分野で起こっている。内側からアメリカも侵されているという側面があるわけです。

古田　内側からの侵略は要注意です。

藤井　究極的に言えば、チャイニーズ系のアメリカ大統領が出たらどうなるのか、という問題があります。アメリカ人として生まれ育ったら、純然たるアメリカ国籍を取得できます。憲法的には大統領になれる。アメリカ企業であれば、チャイナ系の息のかかったところが合法的に献金もできるし、チャイニーズ・アメリカンの大金持ちも献金できる。そういうことが何年後かに起きる可能性は十分にあります。だからアメリカもギリギリのところにいるんです。今、真っ当に軍事的に衝突したら、中国はアメリカにかないません。しかし、そもそもチャイニーズは正々堂々の戦いはしないでしょう。

古田　漢の文帝が匈奴《きようど》に正面から勝ったとか、「司馬遷の『史記』に出てきますが、ちょっと読み進むと、匈奴に金銀の貢物やったとか出てきますから、勝利はウソだと分かります。

中国大陸は「バルナラビリティ」、つまり打たれ弱い地形です。北と西の両側から攻められるとお手上げで、それをやったのがモンゴル族の元と満洲族の清《しん》です。山海関《さんかいかん》と蘭州との二つの口をもった古壺みたいな地形なので、北京を抜かれると簡単に直隷《ちょくれい》まで取られてしまいます。別動隊を蘭州から四川に入れて南から挟み撃ちにする。あとは、「点」の城鎮（都市）を押さえます。これが清の取った戦法でした。

元は山海関から入って二手に分かれたけれど、とにかく両側から攻める。日中戦争で日本が城鎮を押さえながら山海関から北京に進みましたが、「山海関を抜かれたら終わり」「挟み撃ちにあったら終わり」ということを、打たれ弱い地形で異民族にやられてきた彼らはよく知っています。だから、戦争に対する自信はもともとない。歴史的には文弱な国です。

藤井　彼らの常套手段は、裏で話をつけることです。それをアメリカは恐れなければいけません。気が付き始めたけれど、だいぶ遅れました。しかし、まだ間に合います。

賄賂とご褒美は中国で欠かせない

古田　中国は打たれ弱いから、威嚇と牽制しか知らないと思います。はっきり言うと、中華秩序とは威嚇と牽制によって成り立つものなんです。

古代のアクターはシナ、北方や西方にいる異民族、朝鮮、もう一つあげれば越南（ベトナム）くらいしかいません。越南にはよく攻め込んだけれども、北方はお互いにせこい取引をするだけでほとんど戦争がなかった（笑）。たとえば、「満洲族が攻めてきました」と李朝の朝鮮が言いつけると、シナの明朝は「満洲族よ、ちょっとやめなさい」と言い、李朝の朝鮮が満洲族を攻めると、「李朝よ、行動は抑えなさい」と言うだけで終わりです。

藤井　「なあなあ」でやってきたのが、東アジアの外交史でしょう。

古田　もっとも、何回か戦争はやっていて、シナの皇帝が捕まったりもしている（笑）。オイラトというモンゴル族が明と戦った、一四四九年の「土木の変」がそうです。これは朝貢に関するトラブルが発端でした。朝貢は中国文化を慕っていくわけではなく、「よく来た」といってご褒美もらいに行くのが目的です。シナは当時、圧倒的な技術レベルをもっていて、満洲族は鎌をつくれないから鎌をもらったりするし、朝鮮人は針をつくれないから、針をもらったりしました。オイラトの送る朝貢の人数が何百人という単位になり、あまりにもせびりに来るから、明が人数を減らせと言ったら、オイラトがわざと水増しした。これに皇帝が怒って兵隊を率いて北上したところ、逆に敵の捕虜になってしまった。

「成化三年の役」（一四六七年）というのもあります。朝貢のご褒美が増えて明が財政難に陥る。そこで満洲族は馬で儲けよと馬市開設を許した。ところが一部族が割り当てから締め出されたので、遼東や朝鮮の境を襲撃して大暴れします。これを明が討伐せよというので、李朝は一万五千の兵で出兵し、二百五十人ほど殺してさっさと帰国しました。

藤井　せこい戦争ですね。

古田　あの辺は、ふだん大戦争が起きたことがないと言ってもいい。朝鮮とシナは両方とも打たれ弱い地形なので、威嚇したり、礼《しきたり》という名目で牽制するしか手がないのです。派兵能力も日本では考えられないほど低い。シナが五万、コリアが一万五千くらい。大戦争の時は、シナのぬし自体が変わるときだけです。明から清とか。

藤井　礼儀でつけ加えるとすれば、中国はなんといっても賄賂ですね。賄賂を渡すのが礼儀。孔子が言う「礼」というのは賄賂のことではないですか。

古田　賄賂もそうですが、言うことを聞いた相手にはご褒美が欠かせません。古代というのはそういう世界です。中国の春秋戦国時代は、諸侯が大土地所有者ではなく、日本の戦国時代とは異なります。戦乱があっても、農民を城郭に入れて守ることをしない。百姓は放りっぱなし。要は「城取り合戦」でした。だから領主による地方の産業化もありません。あれは封建制ではありませんよ。点の城鎮を取るだけ。面は関係ない。結局、秦の始皇帝が統一して、元の王国に戻ったわけです。

藤井　「城」という都市からだけ税収がある。先ほどチャイナの交通の話に出ましたが、都市と交通路を押さえておけば、それが一国を支配することになる。他はどうでもいいんですね。

古田　中国は歴史的に「点の支配」です。「面の支配」なんて絶対できない。日中戦争で「日本は点しか支配していなかったのが失敗だ」とよく言われるけれど、中国大陸を面で支配できるわけがありません。この中国像は間違っています。

藤井　日本軍の「点と線」の支配は正解でした。歴史的にチャイナで「面の支配」をした者はいない。

古田　そういう半島と大陸の事情を全然知らないまま日本は近代を迎え、汽船が走るようになり、半島に行ったら「古代そのものだ」とみんな驚いた。福田徳三《ふくだとくぞう》（注1）という経済学者や、『源氏物語』を現代語訳した若き日の谷崎潤一郎がそうでした。谷崎は「王朝物語を書くなら、ここに来たほうがいい」と記しています（笑）。シナに行ったものは、儒教の聖人が一人もいなくて、不潔な「チャン坊主」（失礼、当時の言葉です）ばかりだったので、こちらも本当に驚いた。

藤井　まあ、今やっと霧が晴れてきている。

古田　長い間、マルクスの唯物史観の「世界は同じ発展段階を進む」という嘘をみんな信じ込まされていた。明治の人たちの何人かは、はっきり気づいていたけれど、シナと朝鮮は古代だけで、中世なんかありません。封建制なんかなかったのですから。シナはちょっとマシな古代、朝鮮はひどい古代だと思えばいい。

藤井　「アジア的専制」「アジア的停滞」と言って、アジア人を軽蔑していたマルクスを、チャイナが担いでいるのは、なかなかおもしろい。

古田　そうそう。マルクスはアジアを軽蔑していました。

藤井　資本主義が発達して、その先にあるのが共産主義というのがマルクスの考えでしょう。アジアで共産主義など、お呼びもかからないはずです。ところが、チャイナは共産党がマルクス主義を掲げている。それもおもしろいですね。

古田　北朝鮮の方は、九二年の憲法で、マルクス主義を放棄しました。今は完全に主体思想の国です。

注1　福田徳三（一八七四〜一九三〇年）：戦前に活躍した経済学者。東京商科大学（現・一橋大学）教授、慶應義塾大学教授などを歴任した。『韓国の経済組織と経済単位』では、二十世紀初期の朝鮮経済は、日本にたとえると平安時代に相当すると指摘している。

中国は朝鮮半島でアメリカに時間と労力を浪費させたい

藤井　話を現代に戻すと、二〇一八年九月に「人民日報」に出た国際秩序に関する習近平の演説では、「既存の秩序を変えていく」という立場が表明されています。既存の秩序を尊重しながら、その中で国益を追求するのではない。「既存の秩序を破壊して、チャイナがナンバーワンになる」という図式です。

古田　だいたい「一帯一路」（注1）もＡＩＩＢ（注2）も対外侵略・搾取政策でしょう。

藤井　もちろん、帝国主義・植民地主義政策の一環です。「一帯一路」などはチャイナが、二十一世紀になって「帝国主義政策をやるぞ」と宣言したに等しい。それも古代的帝国主義です。侵略先の国家を奴隷化して恥じるところがない。

古田　一帯一路で、ラオスは負債がかさみ、沈没しそうになっています。

藤井　ラオスもそうだし、カンボジアもそうです。両国はチャイナの経済圏に呑み込まれてしまった。マレーシアは、あと一歩でチャイナに属国化されるところを、マハティールの首相再選で、立ち直ろうとしている。今の時点でいうと、内陸国家で人口も少ないカンボジアとラオスはアウトです。

古田　ベトナムはどうですか。

藤井　ベトナムは反中で、戦う気満々です。南シナ海をとられたら、出るところがないし、周囲はすべて親チャイナの国ばかり。日本、アメリカに協力を求めるのは当然ですよ。

古田　よく分からないんですが、ベトナム人って中国人の天敵なんですね。ハワイのチャイナタウンなんて、真ん中にベトナム人が居座って、逃げた中国人がまわりにドーナツ状に盤踞《ばんきょ》している。

藤井　二〇一八年一月に出された米国国防戦略で「チャイナは秩序破壊者だ」と指摘し

ています。先ほど指摘した習近平の演説ですが、これに対して、中国共産党は「そうだ。俺たちは秩序を破壊して、ナンバーワンになるつもりだ」と宣言したようなものです。そこはロシアと全然違います。米露は同盟関係にないけれど、協調しながら中東の地域紛争を片付けたりしていて、「チャイナは別の勢力だね」という形に今後両国は協力していくと思います。二〇一八年七月に米露首脳会談が開かれましたが、トランプが狙ってきたものとプーチンが狙ってきたものが、ここで一つの形になりました。そこから排除されたのがチャイナだったんです。

古田　なるほど。プーチンは白い皮をかぶったアッチラ大王だけどね。

藤井　「米中は対決状態に入った」という視点で見ると、朝鮮半島の問題はわりと小さな問題です。平壌と北京のあいだに少しでも隙間を生じさせることができれば、アメリカ外交は一つの勝利になるけれど、それは最重要課題ではない。一方、中国共産党としては、北朝鮮という石にアメリカが長く躓《つまず》いて、そこで時間と労力を浪費させるようにしたい。朝鮮半島で一応問題解決となれば、アメリカが対中包囲網のほうに力を一段と入れることは目に見えています。だから、チャイナとしては、アメリカと北朝鮮がいつまでも、もめて交渉していてほしい。そこで五月七日、八日の大連会談で、習近平は金正恩に「おまえはもう少し頑張れ」とネジを巻いたと思われます。

古田　また話が冒頭に戻っちゃいましたよ。

藤井　中華皇帝がわざわざ大連まで出てきたのは大変なことです。習近平は、金正恩にもそれなりにカッコをつけさせてやろう、と思ったのでしょう。

古田　四月の南北首脳会談の板門店宣言で休戦協定の当事者から抜かそうとしたので、習近平はメンツ上むかついただけだと思いますよ。急いでいかないと何するか分からないから金を牽制しに行ったのではないかな。昔だって李王はシナ皇帝を内心では敬ったりしていません。蛮族同士戦わせて「夷をもって夷を制する」やつらだと冷静に見ています。そういう御前会議の記録（『李朝実録』世祖二年二月十八日）があります。

藤井　習近平は、北朝鮮問題にいつまでもアメリカがこだわって、エネルギーと時間を労している間に南シナ海を領海化するというシナリオを描いていると思います。アメリカはそうはさせずに、短時間で終わらせようという考え方ですよ。

古田　前に藤井さんが言っていたように、ちょっとぶつかるかもしれませんね。

注1　一帯一路：二〇一四年十一月に、中国の習近平国家主席が提唱した経済圏構想。近年は途

上国が過大な債務を背負わされていることを問題視する見方が強まり、「債務トラップ外交」と批判する声もある。スリランカが南部につくった港の港湾運営権を九十九年間、中国企業に譲渡するなど、二十世紀の帝国主義を彷彿とさせる事案も生じている。

注2　ＡＩＩＢ：アジアインフラ投資銀行の略称。国際開発金融機関として、中国が二〇一三年に提唱し、二〇一五年に発足した。本部は北京に置かれ、創設メンバーは五十七カ国、二〇一八年の第三回年次総会でレバノンの加盟が承認されて、加盟国は八十七カ国となったことを新華社が報じた。

「ビッグブラザー」が「ビッグデータ」を駆使する社会が実現する？

古田　トランプが二期目をやったとしても、二〇二五年一月に大統領の任期が終わる。そのあたりから本格的なＡＩ（人工知能）社会が始まり、二〇三〇年あたりにはかなりのレベルに達すると思うのですが、その先は予測がつきません。ＡＩは米中対決にどんな影響を及ぼすのでしょうか。

藤井　一つ言えるのは、西側が発達させたＡＩを、国民をコントロールするために効率的に取り入れているのがチャイナです。これは間違いない。

古田　ものすごい監視社会ですからね。

藤井　監視カメラをあらゆるところに据え、西側から最近の顔認証技術などを積極的に導入して、チベットや新疆《しんきょう》ウイグル自治区を皮切りに、全国で国民管理のために使用しています。

古田　チベットは五百万人、ウイグルは一千百万人もいます。「少数民族」なんてのもウソですよ。これらは大民族で、何万、何千人とか部族みたいに小さいのが二十くらいあります。大民族の監視は相当骨が折れるはずですが、都市ではかなりがっちりやると思います。

藤井　ある西側の記者が書いていましたが、チャイナ当局と示し合わせて、自分を指名手配させ、何分で見つかるか試してみたそうです。町に出たら、わずか七分半で捕まったとか。

　最新式のメガネ型のウェアラブル端末（身体につけるタイプの端末のこと）を装着した警察官は、捜査中の人物の情報をすぐに入手し、判別できるようになっています。重要地域では警察官がみんなそれをつけていて、群衆の中にいる要注意人物が分かってしまう仕組みになっている。ジョージ・オーウェルの『1984』に登場する支配者・独裁者の「ビッグブラザー」が「ビッグデータ」を駆使している社会は、十三億人の国民がいるチャイナで実現されつつあります。完全な警察国家ですよ。古代国家が二十一世紀のテクノロジーを使っている。

古田　『論語』にも「顔回《がんかい》は……」といった人の評価が載っているくらいで、そもそも中国人は古代から人物評が好きです。宋の時代にできた『世説新語《せせつしんご》』（後漢末から東晋までの著名人の逸話を集めた小話集）は人物評だけの本です。司馬相如《しばしょうじょ》は若い頃、卓文君《たくぶんくん》と駆け落ちして、故郷で酒場を買い取り、卓文君はスタンドに立ち、司馬相如はフンドシ（一説に猿股）着けて皿洗いしたとか、書いてある。

どこに書いてあったか忘れましたが、梅堯臣《ばいぎょうしん》は地方官になって南方の人がフグを喰うのを嫌がったとか、韓愈《かんゆ》が広東の潮州に流されたとき、蛇を喰う人々を嫌ったがやがて蛮夷に染まって好物になったとか、柳宗元《りゅうそうげん》がガマをうまいうまいと言って喰うので呆れたとか。そんな素行ばかり書いている（笑）。

その流れを汲んで、『档案《とうあん》』（国家による国民管理を目的に作成される個人の経歴、思想等の調査資料を収集した秘密文書）が生まれ、その先で今の監視社会につながっている。徹底して人の素行調査をする国なんです。ただ人物鑑定が好きといっても、農民は相手にしない。対象は都市の人です。

藤井　今のチャイナは、その伝統の上に共産主義とＡＩが乗っている観がありますね。東ドイツが崩壊した時に、国民の詳細なデータを記した書類が見つかったけれど、共産主義というのはすごいですね。

古田　シュタージ（東ドイツの秘密警察・諜報機関である国家保安省）の仕事でした。

藤井　東ドイツは完全な密告社会で、親が子供を密告し、子供が親を密告する。夫婦間でもそういうことがあり、友人どうしでもそんな裏切り行為があった。その情報を記録した膨大な文書が残されていた。東ドイツは紙でやっていましたが、今はＡＩ化しているから、簡略に扱うことができます。全体主義国家というのは恐ろしいものです。特定秘密保護法程度で騒ぐ日本の左派リベラルは、北朝鮮や中国に行って、少しは「言論の自由」とは何かを考えてほしいものですね。

フェイスブックが批判の矢面に立たされ始めた

藤井　アメリカで、チャイナを重視し迎合する大企業が批判の対象になってきています。その筆頭がフェイスブックです。ケンブリッジ・アナリティカ（注1）というイギリスの会社に情報を不正提供していたことが明らかになりましたが、あれは氷山の一角です。フェイスブックがタダでサービスを提供できるのは、個人情報を売っているからでしょう。フェイスブックはついにチャイナの現地法人をつくりました。共産党が認可したのです。チャイナ版FBは共産党の国民監視に全面協力します。こういう話は日本の新聞にあまり出てこない（笑）。

古田　創始者のマーク・ザッカーバーグの妻は、中華系だそうですね。

藤井　その通りです。アップルの場合は、利用者のデータ管理をチャイナの企業に任せてしまった。ということは、中国共産党がそのデータを見放題になっている。「国民総監視体制に協力しますから、チャイナ市場にアップルを入れてください」と交渉し、協力関係ができたのでしょう。

古田　おもしろいけど、ヤバい話になってきた（笑）。

藤井　心配ご無用。これはウォールストリートジャーナルに書いてある公開情報です。さすがにアメリカの国益に反するだろうということで、いかに大企業であろうと批判の矢面に立たされているんです。

古田　その流れはいいですね。

藤井　ＩＴ系企業の多くはチャイナ贔屓ですが、そもそもリベラルなところが多く、民主党寄りです。中立的なのはグーグルぐらいでした。といっても、グーグルに勤めている人は圧倒的にリベラルが多い。ただ、ＩＴを新兵器として応用する委員会がペンタゴン（国防総省）にあり、その委員長をグーグルのトップであるエリック・シュミットが務めていました。辞任してしまいましたが、グーグルは軍に近いところに身を置いて、上手に立ち回っている面があります。

ところが、そのグーグルも、チャイナ市場に再入しようとして、アメリカで批判されています。

古田　シリコンバレーの人たちはリベラルが多いでしょう。

藤井　そうです。フェイスブックは二〇一六年の大統領選で、親トランプの発言はすべて削除しようと考えたほどだった。それを止めたのが「シリコンバレーのドン」の一人のピーター・ティール。彼はドイツ系で、フェイスブックの創立当初から投資をしていた一人ですが、「そんなことをしたらフェイスブックはお終いだ」と助言し、何とか取りやめになった。ティールはもともとトランプ支持者でしたから。

古田　面白い動きがいろいろとありますね。

藤井　それから、チャイナに買収された情報機関関係者がアメリカで摘発され、起訴されています（注2）。これは異例ですよ。

住宅ローンの返済が滞るなど、お金に困っていると見られる人に近づいて、「情報提供してくれないか」と誘いかける典型的なやり方ですが、逮捕されたのは純然たるアメリカ人です。移民して国籍を取得したチャイナ系アメリカ人ではありません。こうした事件を見ても、米中熱戦の火ぶたが切られているのは明らかだと思います。

注1　ケンブリッジ・アナリティカ：本社をロンドンに置く選挙コンサルティング会社。フェイスブックの個人情報流出問題に関して、情報の不正取得が疑われ、二〇一八年五月に破産手続きを申請したと発表した。

注2　情報機関関係者がアメリカで摘発、起訴：二〇一七年六月、アメリカ国務省外交保安局の元特別捜査官ケビン・マロリーが、国防に関わる秘密情報を中国に売り渡したとして逮捕・起訴されたと、六月二十三日付でＡＦＰが伝えている。なお、ワシントン・ポストは同氏がＣＩＡ

に勤務していたと報じている。

米中冷戦は「熱戦」にならざるを得ない

藤井　米中の戦争は冷戦（コールドウォー）が熱戦（ホットウォー）になっていくでしょう。現在進行している米中貿易戦争は、NAFTA（北米自由貿易協定）の再交渉をするとか、日本やヨーロッパに対して関税をかけるのとは全然違います。根本的にアメリカへのチャレンジャーを潰すという意味でやっている。アメリカはまだまだ力があるので、チャイナを潰すところまで行くと思います。

古田　今、アメリカは経済制裁で中国の経常収支黒字を潰そうという作戦をやっていると思うのですが、それがどういう展開でホットウォーになるのですか。

藤井　おっしゃるように、まずは経済制裁でチャイナの経済に打撃を与えようとしています。ただ、チャイナ国内の貸借関係は人民元を使うから、どんな状態になっても誤魔化しが効きます。「この企業が潰れたらまずい」と思ったら、共産党が金融機関に命じて融資させればいい。たぶん、救済する企業の上層部に習近平派の人を送り込み、その企業を支配することになるでしょう。

古田　中国にとって、一番まずいのはドルが入ってこなくなることでしょう。

藤井　そう。ドルという外貨は絶対的なものだから、これがチャイナにとってのエネルギー源でもあったわけで、これが入ってこなくなったらおしまいです。

古田　人民元はドルにリンクさせていますね。

藤井　言ってみれば、人民元はドル本位制なんです。だから信用があった。

古田　ドルが入ってこなくなったら人民元が潰れる。暴落する。

藤井　今、どんどん下がっているけれど、ドル不足が進めば、おそらく大暴落するでしょう。トランプはそこまでやる気です。

古田　しかも、元を切り下げれば、今度は資本逃避が始まりますね。

藤井　すでに始まっています。日本や欧米ばかりでなく、ベトナムやバングラデッシュなどへまで資本逃避が現実に起こり始めた。そこで二〇一六年末ぐらいから外貨持ち出し規制をやっています。これで日本企業が困っているんですよ。向こうで儲かっているのに、窓口で止められて、日本の本社に送金できない。だけど、エリートは抜け道がいくつもあるらしい。「爆買い」は銀座でも終わったけれど、銀座でロレックスを売っているお店では、「チャイニーズがどんどん来る」と話していました。二〇一八年の三月に聞いた話では、高級品が売れているそうです。しかも、クレジットカードで買っていく。外貨の持ち出し規制前にお金を持ち出した人は、クレジットカードの決済をチャイナの銀行でなくて、たとえばシンガポールや海外の銀行でやっているのではないかと、私は見ています。

古田　賢いですね。けっこうスマートだし。

藤井　それで分かったことがあるんです。ロレックスは百万円ぐらいからあるけれど、高級品になると千何百万円する。高級品のロレックスが四つぐらいで、家一軒ぐらい買える。外貨の持ち出しは駄目でも、旅行するときに替えの時計を三つぐらい持っていけるでしょう。そうしたら、ちょっとした財産は動かせるんですよ。どうも、そのためにロレックスの高級品を買っているようです。日本の投資用マンションを購入する中国人もまだまだいる。

古田　そういうところは、ちょこまかしていますね。コリアにはない、別腹をもっている感じ。

藤井　話を元に戻すと、たとえ外貨が入ってこなくなっても、統制経済化を強めているチャイナの体制は簡単にはつぶれません。ある意味で、不況になった方がエリートは強い。権力を持っているやつにすがらないと、みんな食っていけないんだから。

古田　そういうところに中国人の権力至上主義の根があるんですね。力で順位づけするというのは、まさに中国人のコンプレックスからきていると思います。

藤井　北朝鮮もそうですが、経済的に苦しいだけでは現体制はつぶれない。ということは、行くところまで行かないと、米中対決は止まらない。つまり、ホットウォーにならざるを得ないと思います。

中国は地方政権割拠の時代に向かう

古田　具体的にはどこで戦争が起こりますか。

藤井　南シナ海でしょう。南シナ海紛争で米中が軍事衝突をし、チャイナが負ける。そして、経済的窮乏と軍事的敗北という内憂外患で体制が持たなくなり、中共体制はそこで潰れる――ということを、希望的観測も含めて、私は予測しています。

古田　私は崩壊というより、たぶん中華民国時代の感じに戻るのではないかと思っているんです。要するに地方政権がいくつか割拠する。

藤井　私も軍閥割拠になると思う。いくつぐらいに分かれますか。

古田　それは分かりません。ただ、国民政府の他に冀東《きとう》政府（注1）などが分かれたような感じになるのではないかという気はしています。中国は北伐がしにくい地形で、北伐すると散開してしまい、あちらこちらで小君主が生まれる。崩壊して移動が始まると割拠が起こると見ています。

藤井　軍閥化ですね。それがあの国のパターンでしょう。

古田　近代化する気がないから、古代以来のパターンが繰り返されると思います。

藤井　確かに本当の意味での近代化路線は排除していますね。胡錦濤《こきんとう》の時代も江沢民《こうたくみん》の時代も、盛んに「帰ってこい」と呼びかけて、アメリカやヨーロッパにいった留学生がチャイナに戻った時代がありました。「ウミガメ族」と呼ばれた彼らは、近代的な経営のノウハウや学問を持って帰った。そういう人たちが「こりゃダメだ」といって、チャイナを見捨てて欧米に戻っていった。結局、共産党の命令に従属するしかないから、夢も希望もない。アメリカのシリコンバレーで通用するアイデアが、チャイナでは自由にできないことが分かって、みんな嫌になっていくわけですよ。

「メイド・イン・チャイナ２０２５」計画（注２）の将来は暗い。モノマネはできても本当のブレイクスルーはない。

古田　中国人でなくても、向こうに行ったら、アイデアもノウハウも技術も、すべて搾取されますよ。国が丸ごとブラック企業だから（笑）。

藤井　なるほど、国が丸ごとブラック企業とは。中国の新興企業を大企業に成長させて創業者として儲けた人はいいかもしれないけれど、そこまでいかなかったら悲惨です。

もっともアリババのジャック・マーも最近、習近平に狙われていることを感じて、引退を発表しました。

注1　冀防共自治政府：一九三五年から一九三八年まで中国の河北省に成立していた政権。首都は通州で、政務長官は殷汝耕《いんじょこう》だった。日中戦争が始まった直後の一九三七年、通州の保安隊による日本人虐殺事件が発生（通州事件）。一九三八年に中華民国臨時政府に合流した。

注2　「メイド・イン・チャイナ２０２５」計画：中国政府が二〇一五年に発表した製造業発展十カ年計画。技術革新をはじめとする九つの戦略と、次世代情報技術など十の重点分野が示されている。

中国は南アフリカもびっくりの「アパルトヘイト」国家

古田　中国も北朝鮮も専制支配で身分制ですから、古代から産業化はある程度できましたが、結局はそのままつながっています。中国の身分制が今の農村戸籍、これがひどいですね。

藤井　チャイナ社会は、アパルトヘイトだと言っている人（川島博之著『戸籍アパルトヘイト国家・中国の崩壊』講談社＋α新書）がいるけど、本当にそうです。戸籍上のアパルトヘイトですよ。南アフリカもびっくり！

古田　彼らは、その身分ゆえに、都市では就学も就職も何もできない。

藤井　農村戸籍と都市戸籍と一緒にするという改革案も出ていたんですが、現実にはできなかった。そんなことをしたら、農民が都市に流れこみ、ただでさえ過剰人口の都市がもたないでしょう。

古田　だから、都市にある出稼ぎ地域に、わざと放火したりして潰しているんです。

藤井　ひどい話だ。上海あたりでありましたね。日本だったら、「農村が遅れているのなら、農村に社会投資をして発展させよう」と考える。しかし、シナ人は発想が違う。農村はダメだから放っておいて、社会インフラがある都市に移住させることを考えたりしている。しかし、ただでさえ過剰人口のところにどうやって入れるのか。無理です。

古田　戸籍改革のような身分制が崩壊するようなことはやらないと思います。古代から中国は農民が人間のうちに入っていません。前に述べた「刑は上に上らず、礼は下に下らず」もそうだけれど、農民は「鼓腹撃壌《こふくげきじょう》」(腹いっぱい食べて腹鼓を打ち、地面を踏み鳴らして楽しむ)でいい、という発想です。城鎮の外の者たちは関係ない。

藤井　それを儒教という。

古田　古典儒教は差別前提ですが、それが差別だという意識がありません。朱子学は、はっきり差別し統治する体系です。人間に、「君子・小人・夷狄《いてき》」の差別を設けて、「気の清い者」が濁ったものを統治する。

藤井　間違いなく、道徳における差別主義、階級主義です。

古田　こんなことをいうと、加地伸行先生に怒られるかもしれない。「『論語』のこの美しい言葉を見よ」を書いていらっしゃる(笑)。

これは余談になりますが、中国人はなぜあんなに汚いんだと思いますか。私はずっと考えているんです。一九九四年に満洲に行ったとき、共同便所の床一面が大便だった。あれは衝撃だったけれど、中国人の汚さは貧しさゆえの汚さではなくて、別の理由があるように思えてなりません。韓国人など、産業化してあれ程豊かになっても衛生面が弱い。垢すりが発達したのも何週間も風呂に入らないからです。日本では垢すりと言いますが、韓国語の直訳では、「垢押し《テ・ミリ》」ですよ。押しだすほど溜まるんですね。

藤井　おそらく清潔という概念がないのだと思います。もう一つ、今はあまり見なくなったけれど、戦前はよくチャイニーズは痰を吐き散らしていました。

古田　鄧小平が会談の時も痰壺持参でした。

藤井　痰壷を置いておいて、パッと吐いたりする。これはまだまし。あれはなぜかといったら、痰は排泄物で、身体に良くない。良くないものは少しで早く身体の外に早く出した方がいい。だから、大便もそうなのではないですか。

古田　悪いものはできるだけ早く出した方がいいというのはおもしろい。

藤井　それから、周りの人の迷惑などは関係ないというところもあるでしょう。

古田　中国のバスに乗ったら、車体に波打った汚れがついていました。何だろうと思ったら、向日葵《ひまわり》の種を食べて、殻を窓の外にペッと吐き出し、それが風に乗って車体に貼り付いているのです。あれも同じ意識だと思う。要するに、人のことを考えない。

藤井　自分が良ければいい。「パブリック」の概念がないんです。

古田　十九世紀のイギリスの女性紀行家イザベラ・バードが「世界一不潔な都市は中国の紹興《しょうこう》、二番目は朝鮮のソウル」と言っているんですね。両方とも町に排水という概念が全然ない。悪いものはどこでも出して流しちゃえみたいなところがありますね。

難題は中国が崩壊したとき、核兵器をどうするかだ

藤井　古田先生がおっしゃったように、チャイナの将来は軍閥化していくのではないかと私も思います。そうだとすると、そこが付け目です。ただ、面倒な問題がある。核兵器の存在です。ソ連が崩壊したとき、核兵器をどうするか、みんな悩んだけれど、あのときはどうにかなった。たとえば、ウクライナとベラルーシに核兵器があって、放っておくと核保有国が二カ国増えてしまう。日本も相当金を巻き上げられたのですが、金を出して諦めさせたという経緯があります。

古田　核兵器をどこに持っていったのですか。

藤井　ロシアです。ロシアはセバストポリを借りるからウクライナへ金を払うとか、天然ガスを安く売ってやるとか、黒海艦隊の軍艦をウクライナにあげたりした。

古田　全部移動したわけですね。

藤井　そうです。ソ連崩壊のときはどうにかなったけれど、チャイナ崩壊のときはどうするのか。今、戦区が五つあり、核武装国が増えるのは困る。しかも、チャイナは多弾頭化していて、だいたい一つのミサイルに核弾頭が十発ぐらい入っているのですが、すべて水爆だから、その威力は強烈です。これがチャイナ崩壊で一番頭の痛いところです。

古田　「核常兼備」という恐ろしい思想が中国にはあって、核専門の基地でなく、普通の基地に通常兵器と一緒に置いてしまう。それを戦略としてやっているといわれていま す。「中国の核常兼備について」という論文を書いた院生がいるんです。結構いい論文でしたが、本当にこれをやっていたら、核兵器がどんどん流出する可能性があります。

藤井　ソ連が滅びたとき、核兵器の流出に世界が戦々恐々としました。当時、スーツケース型の核弾頭がソ連から持ち出され、テロリストがそれをマンハッタンで爆破させるというような映画が流行ったけれど、幸い核兵器の流出はなかった。

古田　イギリスの外交官ロバート・クーパーの『国家の崩壊』にその話がありました。

核兵器をニューヨークまで運ぶ手段を敵対国が持つ話。中国が滅びるときに蒸し返されそうですね。

藤井　それがまあ、「俺たちが滅びると大変なことになるぞ」という向こうの脅しにもつながります。いわば「弱者の脅し」。

古田　時には強者、時には弱者……。変幻自在で恐喝されては周辺諸国は困る（笑）。

南シナ海海戦は一瞬にして終わる？

藤井　軍を掌握している限り、共産党は潰れないでしょう。逆にいうと、軍の権威が崩れたら、習近平に対するいろいろな批判や反発が出てくる。だから、南シナ海紛争で米中が一戦交え、目に見える形で、チャイナが敗戦し、軍の権威が潰れることが、中国共産党独裁の崩壊につながると思います。

古田　南シナ海紛争はどういう戦争になるのでしょうか。

藤井　米中はお互いに核兵器を持っているから、核が使えないことは分かっているけれど、二、三日程度の戦闘で終わるのか、フォークランド紛争（注1）のように三カ月で片付くのか、それとも半年も続いて、日本のタンカーが中東から来られないというところまで行くのか、シナリオはいくつもあります。中には瞬時に終わると言う人もいます。衛星の通信システムが壊されるとお終いの時代だから、それで勝負がつくという話です。

古田 電磁パルスで、通信網を破壊するとか。

藤井 それもあるでしょう。以前、チャイナがミサイルで通信衛星で落とす実験をやって、アメリカが問題視したことがありました。もっとも、チャイナがアメリカの衛星を破壊したら、アメリカも当然チャイナの衛星を落とすし、バックアップの衛星が多いアメリカがたぶん勝つでしょう。いずれにしても、軍艦同士が潰し合うというような、みんなが楽しみにしている海戦はなく、一瞬にしてサイバー戦と偵察衛星の破壊で終わるという説もあります。

古田 どのくらい先のことと見ていますか。

藤井 あまり遠い先のことではないと思います。というのは、米中対立は急速にエスカレートしているからです。おそらく習近平は、トランプの二期目が終わるまで我慢できないのではないか。習近平の権力基盤にガタが来ると、強いところを見せないといけないでしょう。

習近平は「虎に乗った豚」

古田　今はだいぶ足元が揺れているという人もいますね。あの人は十六歳から二十三歳まで、文化大革命で反動学生として陝西省の農村に下放されていましたから、世間知や礼のない中国の村で無知蒙昧なままで青年期を送った可能性があります。無教養な人らしい。無教養で頭がいいと人は意地悪になります。

藤井　そう。だから、外国に対して強い指導者と見せないといけない。もう止まらないと思いますよ。昔から言うけれど、虎に乗った人は前に行くしかない。

古田　ジャーナリストの福島香織さんに聞いたのだけれど、最近では北京の有名大学の教授から「豚でも皇帝になれる」と揶揄されているそうです。虎に乗った豚ですかね。

藤井　南シナ海での軍事衝突に負け、ガタガタっと崩れて行くような感じになると、私は期待しています（笑）。

注1　フォークランド紛争：一九八二年三月から六月までの三カ月にわたり、大西洋のイギリス

領フォークランド諸島（アルゼンチン名：マルビナス諸島）の領有をめぐって、イギリスとアルゼンチンが戦闘を行った。イギリスが勝利し、アルゼンチンのガルチェリ大統領は失脚した。

第四章

台頭する「新国民主義」、くすぶり始めた「世界の火薬庫」

米露両国は協力してISを潰した

藤井　チャイナの近未来の次は、アメリカに眼を向けてみましょうか。

二〇一六年の大統領選挙時におけるトランプの演説を見直してみたら、「アメリカの産業インフラが第三世界並みに悪くなっている。だから当面、保護主義で守るしかない」と、はっきり言っています。彼は実は「アメリカは弱い」という立場でもある。トランプの政策は保護主義といわれるけれど、保護主義が目的ではないし、自由貿易が目的でもない。強い国家経済をつくることが目的です。「自由貿易、自由貿易と言っていて、国が滅んでどうするんだ」ということです。

古田　着眼点は正しいね。

藤井　特にアメリカは製造業が空洞化しているから、保護主義は当面やむを得ないというのがトランプの考えです。かつてのアメリカの賃金構造を見ると、中産階級を支えたのは高校出で製造業に入った人たちでした。フォードやGMの工場で働き、この道一筋三十年という人たちが、ちゃんとした家を持てる。そういうミドルクラスが生き生きとした社会だった。そこそこの賃金がもらえるミドルクラスの労働者の雇用がアメリカで失われてきたのは、基本的に製造業がダメになったからです。

古田　一九六〇年代のアメリカン・ドリームの終焉ですね。

藤井　そう。アメリカン・ドリームが失われたのは製造業の崩壊が一番の原因です。製造業の大企業と大労働組合があったから、労働者の雇用も賃金も保たれていたけれど、低賃金の海外に工場をつくったために国内の産業構造や労働システムが空洞化した。それを何とかしなければならない。だから、保護主義は別に悪くないというのが、トランプの考えです。彼の考えを国民も少なからぬ人々が支持している。だからそういう層の多い、民主党地盤の州で勝って当選もできた。

トランプは毀誉褒貶《きよほうへん》の激しい人だけれど、言動はしっかり見なければいけません。候補者のときからの大事な演説を読むと、順番が若干違うだけで、ほぼ言ったとおりのことをやっています。公約をまじめに実行している。

古田　律儀なぐらい公約を守っていますね。

藤井　外交における第一優先課題はＩＳの壊滅でしたが、二〇一八年七月に開催された米露首脳会談の共同記者会見で、互いにＩＳ壊滅は「協力して実行した」と宣言し、これはほぼ終了したと考えていいでしょう。

古田　残党はまだいますけどね。相手は宗教ファシズムですから、モグラ叩きのようなものだと私は思っています。今回は成功したけれど、また出てきますよ、きっと。

藤井　今は残党狩りの局面です。ＩＳ壊滅がほぼ成功できたのは、アメリカとロシアが協力したからです。アメリカ軍とロシア軍は表面上ぶつかっているけれど、実はシリア国内ではユーフラテス川の西側と東側で棲み分けています。西側のダマスカスに近い方にロシア軍がいて、東に米軍がいる。できるだけ同士討ちしないようにやっていたわけです。さらに、アメリカ軍がミサイルを撃つときは事前にロシア側へ通知しています。

古田　ロシア軍に言ったら、シリアのアサド大統領にも伝わるでしょう。

藤井　そう。だから、アサド軍もやられないわけです。二〇一八年四月にミサイルを撃ったときは、このことをはっきり表に出しました。マティス国防長官はロシア軍と明示しなかったけれど、「シリアに駐留している外国軍には配慮した」と言っています。二〇一七年の四月は、こんなことを言わなかった。しかし、通告していることはわれわれも分かっていた。私はクルドの独立運動を支援しているので、彼らから話を聞く機会があるのですが、「米露は初めからつるんでいる。棲み分けて、うまくやっている」と、クルドの連中はよく言っていました。

対テロ戦争が終わり、「大国間確執の時代」に戻った

藤井　「トランプは分かりにくい」と言う人がいますが、あれほど分かりやすい人はいない。政権発足時の頭の中にあったことではっきりしているのは、アメリカの敵は、一にＩＳ、二にチャイナ、三番がロシアです。

古田　敵の順番ですか。

藤井　そうです。二〇一八年一月、十年ぶりに発表された「2018 National Defense Strategy」（アメリカ国家防衛戦略）では、一にチャイナ、二にロシアが対抗国になっています。二〇一七年十二月には、ホワイトハウスの「National Security Strategy」が出ているのですが、順番は同じです。

もう一つ、「アメリカ国家防衛戦略」の別のカテゴリーに「ローグレジームズ」（ならず者の政権）というのがあり、一に北朝鮮、二にイランとなっている。これはチャイナと北朝鮮、ロシアとイランが手を組んでいるという図式です。

古田　ＩＳが片付いたら、次はチャイナとロシアということですね。

藤井　その順番です。要するに、対テロ戦争が終われば、大国間確執の時代に戻る。だから、二つのレポートも、一にチャイナ、二にロシアなんです。そして、ＩＳを片付けた二〇一八年になってから、対チャイナの経済制裁が始まった。

古田　順番どおりというわけだ。

藤井　チャイナを叩くためには、当然ながらロシアを抱き込まなければならない。これはトランプも分かっている。だから、ロシアと表向きには対立するけれども、チャイナほど全面的に対立していません。無理に対立関係になる必要はなく、話し合いをすればディール（取引）ができるはずだと言っています。

古田　中国とロシアがくっつくのを恐れているんですね。

藤井　二〇一八年七月の米露首脳会談が開催されたのは、チャイナとロシアを組ませないという目的もありました。ちなみに、二〇一八年七月は、六日に米中経済戦争が火蓋を切り、十六日の米露首脳会談で首脳間の協調が決まった。ものすごく大きな構造変化があったと考えるべきです。二〇一八年八月七日は時代の分水嶺といっていいかもしれない。

古田　アメリカ+ロシアvsチャイナの新時代だと世界を大きく捉えているんですね。荒っぽい世界認識だけれど、大衆の役に立てば社会科学ではそっちの勝ち。サミュエル・ハンチントンの『文明の衝突』なんか典型的。人文の人は、彼の文化概念が浅薄で嫌いだけど、社会科学の人は次の時代を予見したと言います。

藤井　七月の米露首脳会談は、マスコミの言っていることの真逆で、これは大成功でした。ロシアとアメリカは思惑がずいぶん違うのだけれど、根本的に大きな枠組みのディール――ビッグディールとも言われます――を両方で今度やろうということになった。つまり、米露間に大きな取り引きが成立する基礎ができたわけで、これから米露協調時代になると思います。

古田　米露の思惑はどんな違いがあるのですか。

藤井　ロシアが一番困っているのは、アメリカにやられている経済制裁です。ほとんどゼロ成長で、ロシア経済は苦しい。石油メジャー最大手のエクソンモービルのトップだったティラーソンはロシアに行き、プーチンと握手し、氷が溶けてきている北極海の海底油田・ガス田の開発に五十兆円ぐらい投資しようと話した。それがロシア制裁でパタッと止まってしまった。ティラーソンは後、トランプ政権の国務長官になりました。ロシアは今、石油や天然ガスを一生懸命売って外貨を稼いでいるけど、国内のインフラにも再投資しなければいけない。大変なんです。プーチンは人気があるといっても、国民の間に不満がたまっています。だから経済制裁を解いて欲しい。

古田　プーチンは国内では、国民の人気を気にする独裁者で、古代ギリシャのペイシストラトスとかクレイステネスみたいな「僭主」に見えます。アメリカはロシアに何を求めているのですか。

藤井　アメリカとしては、まず、米中対決でアメリカ側に付くこと。そして、北朝鮮とイランの非核化、それと同じぐらい大きいのはアフガニスタンのアヘン問題です。アフガニスタンは世界の八割の違法アヘンを作っている。これをどうにかしなければいけない。それから、シリア、イラクを含めて中東全体を安定させる必要もあります。こういった問題でロシアの協力が欲しい。

今度の首脳会談で、トランプとプーチンがプライドを持って言っているのは、「世界の戦略核の九割をもっているのは米露二国だ」ということ。

ロシアは面白い国で、GDPで見るとイタリア、韓国より下ですが、軍事的には間違いなく世界ナンバーツーです。核兵器も通常兵器もたくさん持ち、実際に戦いうる軍隊を有しています。軍事業界ナンバーワンと業界ナンバーツーが組んだら、必然的に業界のルールができる。これは世界のいろいろな分野でそうでしょう。だから、ナンバーワンとナンバーツーが組んでしっかりやろう、お互いにギブ・アンド・テイクできるという話です。

アフガンも中東も、米露が協力すれば、問題は完全解決しなくていいんです。永久にゴチャゴチャやっていても、極端な破綻がないようにはできる。タリバンとアメリカが話し合いを始めましたが、「タリバンは潰さずに、大量のアヘン生産をストップさせればいい」というあたりがアメリカの狙いでしょう。

古田　ナンバーワンとナンバーツーが協力すれば、安定秩序は作りやすいですね。

藤井　この米露協調路線に反対する連中が「ロシアゲート（トランプ大統領候補とロシアの間に存在したとされる、非合法な協力関係への疑惑のこと）だ」と批判を続けてきました。日本の「モリ・カケ」同様、実体のない中傷でしかない。民主党のヒラリー・クリントンとまわりの連中や大手メディアは、みんな親中反露ですから大騒ぎしている。

古田　ヒラリーが当選していたら、日本の立場は危なかった。

藤井　ここで、このような話をしていられなかったかもしれない（笑）。

それはそれとして、トランプとプーチンは、ナンバーワンとナンバーツーで組もうという路線に舵を切った。私はそう見ます。そもそも、頭のいいプーチンは、米中対決の中で、勝つ側に付くに決まっている。そういう枠組みの中で、アメリカは「北朝鮮に対しては、ロシアが適切な影響力を行使してくれ」と、言葉に出して言っています。

古田 それはどうでしょう。ロシアが協力するかなあ。

藤井 少なくともアメリカがロシアに求めているのは事実です（笑）。いずれにしても、トランプもプーチンも首脳会談をやりたかった。しかし、国内に反対派もいるし、実現させるだけでも大変でした。

古田 そうでしょうね。

藤井 今回、米露会談のあとに行われた記者会見のテキストを読んで分かったのだけれど、「米露関係では政治家よりも軍と軍の関係は非常にいい」と、両者が言っています。一緒にＩＳ壊滅を実行したから、軍同士の関係は非常によくなっていて、お互いに信頼感があるんですよ。『ＷｉＬＬ』（二〇一八年五月号）で対談した、元海上自衛隊海将の金田秀昭氏も、「アメリカの軍人に会うと、ロシアの軍人との信頼関係はわれわれに想像できないものがある」とおっしゃっていました。ある時は敵対したことがあっても、共通の敵に対して一緒に戦ってきた仲間、戦友みたいな感じでしょうね。

古田　米露関係がよくなったら、NATO（北大西洋条約機構）が嫌がるな。

藤井　その通りです。だから、NATO不要論が出てくるわけです。

古田　トランプなら、在韓米軍に次いで、こんなものもいらないだろうと、言いそうですね。

藤井　クリミア併合をめぐるウクライナの問題は、アメリカにとって脅威でもなんでもない。ヨーロッパが困るだけですからね。ヨーロッパにも、あそこは、元々はロシアの「領地」だからいいじゃないかという声もある。

米露協調は「白人キリスト教徒の同盟」である

藤井　米露協調の根本は何かというと、私の想像では白人キリスト教徒の同盟ということだと思います。

古田　でも、プロテスタントとロシア正教でしょ？

藤井　「共産主義はダメだ」「スターリン主義はダメだ」と、プーチンは明言しています。

だから、最近のロシアはロマノフ朝を擁護する論調が目につきます。ロシア国営通信の『ロシアトゥデイ』で「ロマノフ朝のツァーリはそんなに贅沢な生活をしていなかった」と報道していたりする。

それから、ロシアは伝統主義に回帰していて、ロシア正教を重視しています。プーチンもギリシャ正教などの東方正教会――その流れの一つがロシア正教です――を擁護する立場が強くなっている。

古田 プロテスタントと違って、ロシア正教は歴史上、宗教改革がなかったから旧い荷物を捨てきれてないんじゃないの？　現代に乗れるかなぁ？

藤井 面白い話があって、プーチンがアトス山というギリシャ正教の聖地に行き、東ローマ皇帝が座ってたイスに座ったそうです。

古田 「俺は皇帝だ」ということ？

藤井 彼の意識とすれば、「俺はビザンチン帝国の皇帝の末裔だ」ということでしょう。ローマ帝国が東西に分かれたあとの、東ローマ（ビザンチン）帝国と東方正教会という一つの文明圏の盟主というような考え方があるのではないかと思います。

古田 なんか吹き出しそうですね。仮託すべきは、イワン雷帝（初代ツァーリ）の方じゃないのかな？　ビザンチン帝国が滅亡して百年後に出てきます。奥さんはモンゴル人。ロシア人を一皮むくとタタールが出てくる。

藤井　本当はロシア人はモンゴル人から文明を教わったのだけれど、今のロシアではそれは「言わない約束」になっている（笑）。一方、トランプは、おそらく西ローマ帝国の末裔はEUではなくてアメリカなんだ、という考えだと思います。トランプはあまり教養人ではないけれど、「ウエスタン・シビライゼーション」（西洋文明）という言葉がよく出てきます。つまり、西洋文明の正統な嫡出子がアメリカという考え方なんです。ヨーロッパはリベラルになりすぎてダメ。「キリスト教国のアメリカ大統領だから、西ローマ皇帝の末裔は俺だ」と思っているのではないか（笑）。

古田　なんか無教養人の大団円みたいですね。アンチ・イスラムというだけではないの？

藤井　そういう点では、アンチ・イスラムとは言わないけれど、少なくともイスラム過激派に対しては共同行動を取り、キリスト教世界を防衛していこうというところで、プーチンとトランプは共通すると言っていいでしょうね。それをあまり言ってしまうと、宗教戦争になりかねないし、サウジアラビアとも仲良くしなければいけないアメリカとしては、面倒くさい問題が出てくるから、はっきりとは口には出さない。しかし、少なくともイスラム過激派を叩くことでは、お互いに「キリスト教徒だ」という意識があると思います。それが米露関係の文明論的な側面だと、私は捉えています。

古田　ギリシャ正教は、アレクサンドリアの南伝キリスト教の影響も受けているし、イスラムとのかかわりも深い。人文系の秀才は、荒っぽい見方だと思いますよ。政治学では役に立てば荒っぽいのもOKだけどね。

藤井　「八百万《やおよろず》」の神々の日本人には嫌な感じがするかもしれないけれど、実際はそうだと思います。宗教の教義がどうだ、ということよりも、その宗教の意味を政治家や大衆がどう捉えているか、という方に政治学者は興味があるわけです。

それから、アメリカとロシアに共通する前提もあります。それは現在、存在しているところの国際秩序を尊重するという立場です。この中で国益を追求していく。そこが現存の国際秩序を破壊して覇権国を目指すチャイナや北朝鮮などと決定的に異なるところです。

サウジアラビアがイスラエルに急接近している

藤井　トランプはイランとの核合意を初めからダメだと言っていました。しかし、何もなくなるよりいいだろうという「ベター・ザン・ナッシング説」もあって、彼としては直接手をつけないで、だいぶ我慢してきた。二〇一八年に入って、イランとの核合意を離脱したけれど、トランプが真面目だと思うのは、「現在の合意のままだったら、二〇二五年以降はイランが核開発ができるようになり、そのときの責任が持てない」というところです。つまり、彼が大統領を辞めたあとのことを考えている。「あとのことは次の大統領が考えればいい」では無責任。ヨーロッパに至ってはお金に目がくらみ、とにかくイランと商売をしたい一心でしょう。

古田　真面目ですね。荒っぽくて真面目だから藤井さんと似ているかもしれませんね。重ね焼きしやすい（笑）。日本の文系の秀才に嫌われますよ。

藤井　ありがたいご指摘です（笑）。イランにはロウハニ大統領のような懐柔派と、ハメネイ師のような強硬派という二つの顔があります。そのイランが最近は悪者になっている側面もあるけれど、とにかくイランを不倶戴天《ふぐたいてん》の敵とするサウジアラビアがアメリカに急接近するだけでなく、イスラエルにも急接近しています。

古田 イランはシーア派でしたね。イラン人は昔のペルシャ人なので絵がうまい。幾何学模様のアラビア人と違って人間の絵が綺麗に描けますね。

藤井 サウジアラビアはスンニ派の中のワッハーブ派で、復古主義です。しかし、今のムハンマド・ビン・サルマーン皇太子になってから、女性が自動車の運転をできるようにしたり、サッカーを観戦できるようにしたりと、基本的には復古主義と縁を切って、現代の世界に近づこうとしています。

ただ、皇太子がやっていることは、危ういと言えば危うい。イスラエルと連携して、イランと対峙したいと思っているのでしょうが、欧米に大旅行したとき、アメリカでユダヤ系の右派のリーダーたちと会ったり、パレスチナ政府に向かって、「パレスチナは今すぐイスラエルの言っている和平案を受け入れるべきだ。そうでなかったら、何もしゃべるな」と発言したりする。これを聞いていたユダヤ人が驚いて、文字通り、椅子からずっこけた人もいたらしい。もちろん、喜んでいるのですが。

古田 なんか最近、サウジの記者の暗殺の件で、皇太子のまわりがくすぶり始めましたね。

藤井　カショギ暗殺事件は、反皇太子派による謀略だと私は見ています。

はっきり言って、パレスチナ自治政府の幹部はひどい人が多い。PLO（パレスチナ解放機構）議長で、パレスチナ自治政府の代表となったアラファトが死んだとき、何百億円という彼の資産がスイスの銀行にあった。世界中から集まってくる支援金をポケットに入れていたわけです。幹部はそんな輩が多いようです。難民キャンプで働いている人は一人もいないのではないですか。働くどころか、ベンツに乗る金持ちが大勢いる。アラブ諸国から寄せられる金の上前をはねて生きている人たちが多くて、本当に堕落しています。パレスチナ人には同情するけれど、ちゃんとしたリーダーがいないという意味ではしょうがない。

古田　アラファトさんはベイルートかアレクサンドリアか、カイロに家と土地持っていて、スイスの銀行どころかフランス人のお妾さんにも財産を持たせていたそうですね。あの辺の人は危険の分散が得意なのでしょうね。

藤井　中東は分かりにくいと言われるので、分かりやすくすると、イスラエルは真面目にやっている日本だと思えばいい。パレスチナは朝鮮で、南北二つに別れている。南にあたるのが自治政府で、北にあたるのはシナイ半島の北東部に位置し、東地中海に面するガザ地区にいるハマスの原理主義の連中。基本的には両方ともどうしようもない。

古田　それは、ちょっと違うように思いますよ（笑）。コリアは宗教的存在ではありませんから。シナとコリアの世界的特徴は「無神論の祖先崇拝」。シナの玉皇大帝（道教の最高神）なんかも、一月九日の誕生日があるから神でなく人の偶像です。北の原理主義とおっしゃっている主体思想は、何度も言っているように「国の主人になりたい」という願望です。

藤井　いや、あくまでも、そういうふうにとらえると分かりやすいという話です。それで、国が分かれているけれど、アラブ人はチャイニーズと一緒。この例え話をしたら、イスラエル人が喜んでいました。その中で、サウジアラビアは最近まともになっている。

古田　金がなくなってきたからでしょう。

藤井　金はないこともないけれど、思ったほどない。

古田　あの国に貧民窟が発生した時が、あの国のダークサイド転落の始まりだと推測しています。

藤井　だんだん財政が赤字になってきて、国営の石油会社サウジアラムコを上場しようとした。最初は二兆ドルぐらいの価値があると言っていたのだけれど、調べてみると、よく見積もっても一兆五千万ドルぐらいで、順当に考えたら一兆二千万ドルぐらいしかないという話です。

しかも、サウジアラムコは国家の財政を支え、国家機密と関わっているので、株式会社としての経理などの透明性がないんです。それではアメリカで上場できないと言われ、非常に困っている。そこで、サウジアラビアはディズニーランドをつくるとか、夢みたいなことばかり言っています。ディズニー好きというのは、結局、アメリカ大好きなのでしょう。

北朝鮮もそうだけれど、独裁者はディズニーランドが好きですね。金正恩の兄・金正男にしても、東京ディズニーランドに行くために来日して捕まり、国外退去になった話は有名だけれど、正恩も九歳と十歳のときに、二回日本に来ているそうですね。ディズニーランドに行ったのでしょう。ディズニーランドは子供向けだから、独裁者というのは趣味が子供の頃に固定化して、頭が単純なのかもしれない（笑）。

古田　それは面白い（大笑）。でも言いすぎです。

藤井　いや、前にも話したように、権力者として金正恩はたいしたものだと思っています。敵を侮ってはいけないという意味でね。しかし、趣味は悪いよね。

古田　ディズニー好きかどうかは私の視野にあまり入ってこないけれど（笑）、金正恩は好きだったのでしょう。

藤井　金正日は『プルガサリ』（注1）を好きだったと言われますが、たぶん本当だろうと思います。

古田　好きだったですね。あの怪獣映画、よくできていましたよ。正義の怪獣による古代専制君主の打倒がテーマでした。自分の方に矛先が来ちゃうとまずいから、最後は善政の名君で終わる。その御前会議が、床座りでなく何とイスだった。あんなにも李朝のこと知らないんですね。歴史偽造しすぎてわからなくなっちゃった。

藤井　だいたい北朝鮮におもしろい映画がない。自分たちでつくれないし。

古田　私は若い頃から研究のためにずっと北朝鮮の映画ばかり観てきて、今、後悔しています。もっと有意義に人生を過ごせたのではないか、と（笑）。

藤井　話がそれるけれど、カンボジアで首相、国家元首、国王を務めたシアヌークは映画制作が趣味でした。彼が北朝鮮にいたとき、兵隊も使っていいから自由に作れと言われて、自分が日本人の将校を演じる映画を作った。シアヌークは脚本も自分、主演も自分なんです。これは日本帝国陸軍を賛美するような内容だったのですが、金日成・金正日が観て、「なかなかいい映画だ」と言ったらしい（笑）。加瀬英明先生から聞いた話です。

古田　金正日の処女作は『映画芸術論』という本です。宣伝扇動部を率いて、北朝鮮の芸術を刷新しました。映画のフィルムを白黒からカラーにしたのも彼です。

藤井　韓国の有名な映画監督（申相玉《シンサンオク》）とその妻の女優（崔銀姫《チエウニ》）を拉致した事件もありました。二人は、その経緯（拉致・脱北）について『闇からの谺――北朝鮮の内幕』（文春文庫）という本も書いています。

古田　けれども、そのおかげで、北朝鮮の映画の質がよくなった（笑）。でも、近代合理性が分からないので、ヘンなシーンがたくさん出てきます。悪役が一瞬で善人に変わったり（『洪吉童』一九八六年）、急に上役が家の中に現れて忠告したりします（『試練を超えて』一九八三年）。ドアノックしませんね。そういえば、北のホテルに泊まった時に、ドアのノブにかける"Don't disturb"の札が"Don't knock"になっていました。外国のことよく知らないんですね。ほほえましい（笑）。見方を変えれば、近代合理性を欠く、外国のこともよく知らない国が、核もっているのですから、恐ろしい話です。

でも、どうでもいい北朝鮮の映画ばかり観てきて、段ボール箱、五つぐらいありました。でも見ないとね、労働新聞を列車に運んで駅で降ろすとか、人民学校の運動会に日本の買い物競走の伝統が残っているとか、「ひぇーッ」と驚くような北の日常の動態が分かりません。水力発電所や製鉄所も出てきますから社会科学として重要なんです。

定年前で、もういいだろうということですべてラヂオプレスの弟子にあげたら喜んで、「毎日観ます」と言う。後日、「日曜日に何をしているの？」と尋ねたら、「北朝鮮の映画を観ています」と嬉しそうに言っていました。専門性を伝達するにはオタクが最適です（笑）。

藤井　そういう一種の北オタクが日本にいても悪くはないでしょう。

古田　でも、はじめは善悪がよく分からない。だから、「悪いこと言わないから、北は悪いと覚えておきなさい。そうでないと、君は社会に出て誰からもよく思われないよ」と、教えなければなりません。オタクは生きていくのが大変なんです。日曜日にも北朝鮮の映画見ているから結婚も難しい（笑）。

注1　プルガサリ：一九八五年に北朝鮮が制作した怪獣映画。監督は拉致された申相玉。時代劇の中に怪獣が登場する特撮映画作品で、「ゴジラシリーズ」を手がけた東宝特撮チームが招かれ、

特殊技術を担当した。

日本は国境侵犯を防げない情けない国家か

藤井　これも話がそれるけれど、北朝鮮の金正男も金正恩も、堂々と日本に密入国していたことを、日本人はよく考えたほうがいいと思いますね。つまり、我が国は国境の管理すらできなかったということですから。

古田　拉致被害者含めて、そうですね。

藤井　我々のように法律を守る国民に対しては、国境のコントロールができる。しかし、法律を破って国境を侵すものに対して、国境のコントロールができていない。国境の管理ができないで、国家ですか。トランプが言うまでもなく、これは国家ではありません。もっと言えば、国民が拉致されても、取り返すこともできずに攻撃も何もしない日本は、北朝鮮から見たら「やりたい放題できる国」でしょう。

古田　でも、日本は列島でなくて群島だから、無理もないですよ。外周は、北海道・本州・四国・九州の四島で計約二万㎞、百㎞以上の外周をもつ六千を越える島々を加えれば約三万キロにもなる。これはオーストラリアの約二万五千キロ、アメリカの約二万キロに比肩する長さです。海に向かって開き切ったような地形だ。だから、どこからでも入ってこられます。

藤井　いや、群島で海岸線が長いという点では、インドネシアもフィリピンも同じです。拉致問題で言えば、レバノンでさえ四、五人の女の子が拉致されたら、北朝鮮と交渉して取り返した（注1）。基本は「やられたらやり返す」という姿勢があるかないかでしょう。

要するに、どの国でもこういうことがあった場合、二つのオプションがある。一つは、軍隊を使ってでも奪い返す。もう一つは、気の優しい人が出てきて、「いきなり戦争するのも何だから、交渉しましょう」と言い、外交交渉で取り戻す。

どちらにせよ、要は、強硬論の土台・背景となる軍隊があるから、ソフトラインも生きるんです。ところが、日本は初めから強硬論という選択肢がありません。ソフトラインだけ。憲法九条にも、第一項からして「国権の発動たる戦争と、武力による威嚇又は武力の行使は、国際紛争を解決する手段としては、永久にこれを放棄する」なんて書いているから、威嚇にも使えない。平身低頭してお願いして返してもらうしかないわけで、向こうがイヤだと言ったら、それまでの話です。少なくとも「我がほうには相当の覚悟がある」と言えなければ、話し合いによる交渉など成立しませんよ。

古田　九条に関しては、その第一項を変えなくてはいけないという改憲論は皆無。

藤井　だから北朝鮮から見て、今の日本は奴隷国家みたいなものなんです。彼らにとっては日本に対しての国境という感覚はないんですよ。

古田　ちょっと言い過ぎだから、もう少しトーンを落として（笑）。

藤井　でも、金正恩たちは出入り自由なのに、我々の同胞は拉致されて、帰ってこられない。それを奪い返してこようという議論すら起きない。これでいいわけがない（怒）。

アメリカ人が言っていました。「今、キューバと仲良くなったからいいけれど、キューバは共産国。あそこがフロリダあたりに入ってきて、アメリカ人を拉致して連れていったとき、これを奪い返さなかったらアメリカ合衆国は成立しません。人工的につくった国だから、拉致された十人救うために百人死んでも、奪還に行く。そうでなければ、アメリカ合衆国は崩壊する」と。

そうだと思いますよ。我々にはそういう筋を通す考え方がないから、お願いするだけ。それは敗戦国体制ということに起因していると思います。残念です。

古田　戦争に負けて民族のソフトを書き換えられてしまった。だからハードの国家が弱体化してしまった。

藤井　それが根本原因です。ということで、奴隷国家・日本は北朝鮮からも低く見られている。これが世界における現実だと思います。確かに拉致問題を外国に広報して歩くのは外交のためにいいことですが、最後はアメリカ頼みしかないという現状は悲しい限りです。堂々たる国軍を再建しなければなりません。

古田　ソフトの書き換えの最も大きなもの、憲法九条第一項「戦争しなけりゃ平和なんだから戦争するな」という誤認命題、第二項の「日本に軍隊はあり得ない」という虚偽命題は、削除しなければ国家の誤作動が続きます。

注1　レバノン人女性拉致事件：一九七八年に北朝鮮がレバノン人女性四人（五人ともいわれる）を拉致した。一九七九年にこの事件が発覚すると、レバノン政府は北朝鮮との国交を断絶、被害者の返還に応じない場合は武力攻撃も辞さずと強硬な態度を示し、北朝鮮は女性全員を解放した。

本気で「最後の審判」を待つ、真面目で危ない人たちがいる

藤井　北東アジアから南アジアに視点を移すと、パキスタンが危ないですね。核兵器を持っていて、イスラム過激派ともツーカーの仲です。パキスタンの核開発資金を出したのはサウジアラビアといわれているのですが、金を出したサウジは「いざとなったらパキスタンの核を自国に持ってくるという密約があるのではないか」という情報もあります。これは全くのうわさ話で、確かめようがない。でも、いかにもありそうな話です。

古田　中東は怖いですね。

藤井　中東で過激派が核兵器を持ち始めたら、本当に使いかねない。しかも、ハルマゲドンが好きな人たちもいる。

古田　終末論を信じてるからね。

藤井　恐ろしいことに、そういう思想が脳細胞に染み込んでいるんです。われわれは「この世の終わりなんか来ない方がいい」と思っているけれど、超真面目なキリスト教徒やイスラム教徒の中には「この世の終わりが早く来て欲しい」という願望を抱く者もいる。

古田　パウロ主義者（第二テサロニケ以外）の伝統的な「迷信ドグマ」ですね。ドグマ化の口火を切ったのはマタイ。騒ぐ人たちを批判するのがマルコ。未来的な審判なんかないよ、というのがヨハネ。

藤井　世界が終わるとき、死者は全部蘇って、神の前で裁きを受ける。この最後の審判で、本当に正しい信仰を持った者とそうでない者が分けられ、正しい信仰を持ったものは永遠の命を授けられる。だから、ひたすら待っているわけです。レーガンが大統領選挙のディベートで、「あなたは最後の審判が近いと思うか」と聞かれ、「最後の審判はキリスト教徒として信じているが、いつ来るかは誰も分からない」と常識的な答えを返していました。その程度ならいいんですが……。

古田　終末論がダーウィンの進化論とくっついて、マルクスの進歩史観になったと言っているのが天才・岡田英弘先生（故人）です。

藤井　それはいろいろな人も言ってるけれど、私が知っている範囲内では、「マルクス主義の信仰体系はキリスト教徒とユダヤ教徒の信仰体系と類似している」と指摘したのはイギリスのバートランド・ラッセルがわりと早かったと思います。要するに、マルクス＝キリストであり、プロレタリアート＝「選ばれた民」、共産主義革命＝最後の審判という図式です。これは西洋のキリスト教社会で非常に簡単に受け入れられるというわけです。マルクスはキリストなんだ（笑）。

古田　日本の文系秀才のキリスト（救助者）としてはね。でも、彼はこの世の関係性だけを説くから基本的には無神論ですよ。終末論のある無神論。

藤井　マルクス主義は無神論的信仰体系です。はやい話がオカルト（笑）。話をもとに戻すと、イスラムの人たちも含めて、「この世の終わりが早く来た方がいい」という願望論があります。そういう人たちは核を使いたがると思います。

古田　コーランの「剣の項」になんか恐いことが書いてありました。これ以上は殺されるから言いません。

藤井　そうなんです。「そうは書いてあるけど、現実は……」みたいなことを言っていると、「お前はダメだ」と原理主義者から突き上げを喰らう。

古田　不真面目な人の方が好きですね。

藤井　自己を正当化していませんか（笑）。

イタリアの「同盟」は新国民主義の旗手だ

藤井 ヨーロッパに眼を転じると、グローバリズムを否定する新国民主義は、一種のナショナリズムと言われたりするけれども、今、非常に大事になっていると思います。その新国民主義で代表的なものの一つがイタリアの「同盟」です。「同盟」は前身は「北部同盟」という政党で、純然たる右派政党です。二〇一八年三月の総選挙後も支持率は伸びています。

古田 今度、与党になりましたよね。

藤井 当初、「フォルツァイタリア」と「同盟」が連立を組むと約束して総選挙をやりました。ところが、過半数がとれず、この連立政権構想は崩壊した。そして、「同盟」と「五つ星」が連立して、新政権を発足させた。「フォルツァイタリア」は「五つ星」と貧しい南部で票の取り合いをしたらしくて、どうも両者は折り合いが悪い。ということで、非常に面白い組み合わせが実現しています。

古田 「五つ星」はどういう政党ですか。

藤井　政治的には中道に位置づけられますが、非常に無責任な大衆主義の素人集団です。ここは「ポピュリズム」以前の「大衆迎合」という言葉で語られてもおかしくありません。「五つ星」にいるプロというのは、環境や福祉のプロというような人ばかりで、政治のプロはいません。というのも、もともと「プロの政治家が腐敗してけしからん。素人が政治家になりましょう」ということで始まった政党なんです。だから、前の選挙のときには、与党にならないことが大きな政策だった。

古田　珍しい政党だ（笑）。

藤井　立憲民主党よりましです。その「五つ星」が珍しく「同盟」と連帯したわけですが、「同盟」のほうは素晴らしい政党で、私は支持しています。党首のサルビーニは四十五歳。元ピッツァの配達員で、二十歳ぐらいから悪徳難民に対する自警団運動をやっています。身体を張ってきた男です。だから、ものすごく人気があり、イタリアのどこにいっても、サルビーニが出てくると人々が集まってきます。二〇一六年にトランプに会いに行き、トランプの選挙のやり方も取り入れ、ポスターには「プリマ・リ・イタリアーニ」（イタリア第一）というスローガンを打ち出しました。

古田　トランプのスローガンそのままだ。

藤井　「同盟」がファシスト運動などと一線を画しているのは、「合法移民と非合法移民は別」とする立場です。「違法に入ってきた難民は、早く送り返す。合法的に来て、良きイタリア人になっている者は認める」ということであり、人種差別的な移民排斥を排除しています。

「同盟」のことを日本のメディアは「極右政党、同盟」と書くけれど、極右ではなく、穏健右派です。本当の極右は、彼らの他にいて、だいたいが国会議員二、三名ぐらいの政党です。

古田　左派政党はどうなっているのですか。「共産主義再建党」なんていう、「日本共産党」より正直な名前の党があったけど。

藤井　二〇一八年の総選挙で、左派はほとんど全滅しました（笑）。

「同盟」、「五つ星」、八十一歳で元気なベルルスコーニの「フォルツァイタリア」に共通するのは、「アンチEU」という点です。「EUから脱退する」とまでは言わないけれど、「とりあえずユーロをやめたらいい」というようなことを主張している。要するに、EU本部との闘いです。EU本部との闘いということは、ドイツの画一的な財政規律主義と闘うというところがあって、そこはみんな一致しています。

古田　元ＩＭＦ高官のカルロ・コッタレッリが首相候補に一時挙がりましたね。

藤井　コッタレッリは「ハサミ男」というあだ名があります。二〇一三年にレッタ政権ができたときに、ＥＵの要請を受けて事業仕分けをやり、福祉予算などをバンバン切った。それでホラー映画に出てくる「ハサミ男」というあだ名がついた。この人は首相候補に名前が挙がったけれど、すぐ排除されて、全く無名の単なる学者のコンテという人が新首相になりました。この人は議員ではなく、政治力もない。彼をトップにして、二つの勢力が一緒になってやろうというわけです。

スペインの右派は親ＥＵ、イタリアの右派は反ＥＵ

藤井　「同盟」の移民対策の責任者はナイジェリア出身の黒人で、イタリアに来て工場労働者として働いた。そのときから前身の「北部同盟」に入り、活動歴は二十五年です。合法的に入ってきた移民の人たちからすると、「自分たちと違法に入ってきた難民を一緒にしてくれるな」というのは当然のことです。アメリカで市民権をとって「よきアメリカ人」になろうと努力しているメキシコ系の人たちが、トランプを支持したというのと類似した現象です。

合法移民で入ってきた人は肌の色で差別せず、「我々と同じイタリア人だ」というのが「同盟」の考え方ですが、「画一的に難民を受け入れ、各国に割り当てるというEUのやり方はイヤだ」「ドイツのように難民を喜んで迎え入れ、そのあとで各国に割り当てるなんて、とんでもないではないか」という反発はヨーロッパ各地で起きています。

サルビーニと似たような感じの政治家が、オーストリアのクルツ首相ですが、ポーランド、ハンガリーでもそういう潮流が強くなっている。オーストリアはオーストリアらしくやっていきたい。ハンガリーはハンガリーらしくやっていきたい。そういう右派のしっかりした政権が誕生してきています。それは「新国民主義」といえるでしょう。要するに、近代国家をもう一回つくりなおそうという新近代国家主義だと思います。

ヨーロッパでドイツと対抗軸にいるのは、今、イタリアだけだと思います。フランスはちょっと力が足りないし、スペインなどはドイツにべったりです。

古田　スペインでも新しい政権ができましたね。

藤井　保守派政権が倒れ、五党連立という変な政権になりました。イタリアとスペインを同じように捉える人がいるけれど、イタリアの右派はアンチEUで、スペインの右派は親EUです。スペインには、カタロニア州のようないろいろな分離運動があり、それに反対する立場に立つと、EU統合主義の方向に行くからです。

実は、スペインはグローバル企業がけっこう多い。かつて大植民地帝国をつくったからでしょう。ラテンアメリカに行っても、スペインの銀行は力がある。有名なところではサンタンデール銀行とバンコ・ビルバオ・ビスカヤ・アルヘンタリア（BBVA）。ラテンアメリカのどこにでも支店がある大銀行です。

彼らの発展の方向というのは、スペインなりのグローバリズムです。エリートはグローバリズムと一体で、ラテンアメリカの会社にも行く。ローカル経済主体のイタリアとは全然違うんです。イタリアは大規模なグローバル企業があまり多くありません。名前の知られたブランドは少なくないけれど、企業の規模からすると家族的企業の延長線上で、そんなに大きくない。中小企業、地場産業を大事にするのがイタリアなんです。

古田　言葉もイタリア語はイタリア人ぐらいしか使わないけれど、スペイン語は南米で主要な言語ですね。

藤井　ブラジルのポルトガル語を除けば、中南米の言葉はだいたいスペイン語です。イタリアは移民で外国に出るぐらいで、植民地はほとんどなかった。グローバリズムが強く、国民がまとまるという方向にはなかなか進めないスペインを見ていると、大植民地帝国をつくったことが良かったのかどうかと、考えさせられます。

古田　そうですね。

藤井　今、イタリアとスペインは逆の方向に動いていて、スペインはカタロニア独立問題に神経を尖らせたけれど、イタリアは地方分権でどんどんやりましょうという感じです。たとえば、通貨にしても平行通貨、要するに政府発行通貨をやろうと、イタリアの現政権は提案している。

古田　どういうことですか。

藤井　政府が発行した借金証書を、そのままお金として民間に流通させるという構想です。日銀券のような中央銀行の発行する紙幣は債券であり、日銀のバランスシートでは日銀券は債権に分類されます。

古田　債券だから、金本位制の時代はお札を持っていったら金と換えてくれたわけですね。

藤井　そうです。通貨が中央銀行の債券ならば、政府が同じことをしてもいいではないか。さらには、地方政府でもいいではないか、それで地方活性化になるのではないかというような議論をイタリアでしています。

どういうわけか知らないけれど、イタリアは、右も左も親ロシアです。だから、ロシアの経済制裁は早く解いたほうがいいと考えていて、地方政府は勝手に対ロシアの経済制裁を解除すると言い出している。伝統的にそうなのだけれど、地方分権国家なんです。スペインは地方分権を進めると、バスク、カタロニアが独立して国が分裂するのでどうしても腰が引けてしまいます。

世界の均衡点は常に動いている

古田　現在の欧米では、「親国家」と「反国家」の争いが起こっていると見ています。つまり、国家のマネジメントをもっと強くして頼りがいのある国にしたい人々と、国家による管理と監視を嫌って反国家に走る人々が対立している。

東アジアは、中国や朝鮮みたいな専制国家と、自由主義国家・日本の戦いと考えればいい。まだ同レベルでグローバリズムを論じる段階に達していないんです。

藤井　確かに、アメリカ人は、韓国やフィリピンが民主国家だと思っている。選挙をやっているから。そのあたりの事情はアメリカ人のアジア専門家でも理解していませんね。

古田 欧米人は、アジアの「未開」さを過小評価していますからね。文化人類学者が小手先で作った「文化相対主義」「多文化主義」なんか、アジアの現実を前にすればふっ飛んでしまうでしょう。

不幸なことに、日本は古い時間軸で固定されている国家に囲まれています。独裁体制を何とか維持するために、核・ミサイル開発を進めてアメリカからの体制保証を引き出そうとする前近代の北朝鮮。朴槿恵大統領弾劾の件でもわかるように、いまだに民主主義が定着していない韓国は「近代」を超えることができていない。中国にいたっては、それ以前の帝政志向だし、党と軍は空母をもつ覇権国家を目指しています。

藤井 常識が通じない国の相手をしないといけないのが、日本の辛いところですね。

古田 ところで、藤井さんはリベラリストの政治学ではないですね。

藤井 どう評価されるかはわかりませんが、自分は自分の言いたいことを言っているだけです。まあ、リアリズムでありたいとは思ってはいます。

古田 では、世界の均衡、バランス・オブ・パワーとか信じていないでしょう。

藤井 私はバランス・オブ・パワーの信奉者です。ハーバードではスタンレー・ホフマンという先生について勉強しました。ユダヤ系フランス人で、キッシンジャーと一緒にハーバード大学で講義をしていた人です。キッシンジャーは政界に入ったけれど、ホフマンはずっとハーバードにいた。ヨーロッパ研究所の所長をやっていて、ヨーロッパ的な視点でアメリカを見ている。彼らは基本的にバランス・オブ・パワー派です。

古田　藤井さんは違うでしょう。

藤井　いや、バランス・オブ・パワーは大事だと思っています。

古田　そうですか。だいたいリベラリストたちは初めから予定調和を考える。あるいは均衡点が必ずあると考える。私は、ないと思う。

藤井　ありませんね。強いて言えば私は右派だから、右派を是正するためにバランス・オブ・パワーを使う。

古田　口実なんだ……（笑）。

藤井　いえいえ、真のリアリズムですよ。

古田　「世界にガバナンスの中心はない」「各国が一定の武力を持っている」「各国が何を考えているか、何をしようとしてるかは分からない」という三つが、シカゴ大学政治学部教授で攻撃的現実主義の代表的論者のミアシャイマーのポイントですが、藤井さんはこの系統ではないですか。

藤井　ミアシャイマーとは考え方が近いですね。固定した均衡点は存在しない。要するに、国は自分の安全は自分で守らなければいけない。周りの国は何を考えているかは分からないというのは基本でしょう。だから、常に安全策を取るということですよ。均衡点はあるが、常に動いている。

古田　私はもともとリアリストですが、藤井さんと話していると、リベラルの政治学ではないなと感じます。リベラルの人たちは「世界に均衡はない」と言うと怒り出すんだよね。

藤井　あるところで大きな戦争を起こさないようにするのが、私が言っているバランス・オブ・パワーです。最終的な均衡点はなく、均衡点は年中動いている。

古田　ビリヤード台の玉みたいなもので、大きな玉も小さな玉もあって、それがぶつかったりして動くのが国際政治でしょう。

藤井　その通りです。だから、動的均衡です。なるべく大きなカタストロフィーがないようにした方がいいということを考える。それだけなんですよ。

古田　リベラリストはそうではない。はじめから均衡点ありきです。

藤井　分かります。だいたい朝日など、メディアの代表はそういうのが多い。

古田　以前、あるところで、元外交官の人と話していて、なんとなく気まずい雰囲気になり、「均衡点なんかない」といったら怒り出した（笑）。始めから仲良しの均衡点めざしていたら外交交渉で負けますよ。

藤井　外務省出身だから、そうでしょう。均衡点は力と力がぶつかり、しょうがなくて、ある均衡が生じるだけ。予定調和はないと思いますよ。核兵器の均衡もそうです。

古田　慶應大学の小此木政夫さんは均衡していると思い込むから、金正日とトランプの首脳会談で、「これは金正恩が頑張った」と平気で言う。でも、弱小国が強大国を凌駕することなんて絶対ない。そういうこともよく分かっていないんですよね（笑）。

藤井　それはそのとおりです。古田先生はマイネッケの言葉を引用していましたが、小さな国は卑劣なことをやるようになるし、やらざるを得ない。そうすると、周りの国は諦めて「こいつはそういうもんだ」と思うようになる。

古田　それが均衡なんです。天才・加地伸行先生はすごいですよ。「世界に均衡ありますか」と聞いたら、「そんなものはない。あると信じ込まされているだけだ」と、一言だった。思わず、「先生、儒家じゃなくて本当は法家でしょ」と言ってしまった。

イスラエルは日本にとって命綱になる国

藤井　「国際社会における日本」という観点から見て、今後、アメリカの次に重要な国はイスラエルだと私は思います。ある意味でイスラエルは日本の命綱です。

古田　同感です。イスラエルとは「赤い糸」でもなんでもいいからつながっておいたほうがいいですね。

藤井　絶対そうです。

古田　だから私は最近、ユダヤ教のことを知ろうと思って旧約聖書を読んでいます。過酷な神がいて、一神教で、怖い宗教で……というイメージがあるかもしれませんが、本当は奴隷や孤児、寡婦にも優しいし、実に親切な神様です。

藤井　ユダヤ人は日本人に対して、「異教徒でも立派な人がいる」という認識で付き合ってくれます。ユダヤ人は「神の心にかなうためには常に勉強しなければならない」という考え方をするし、日本人とユダヤ人は諦めずに何とかして困難な仕事をやり遂げようとする。似てますよね。

古田　イスラエルと日本は気が合うと思うな。

藤井　そう、商売上もけっこう気が合って、向こうの人も日本のことを大事にしてくれます。杉原千畝《ちうね》なんていうユダヤ人を救った外交官もいましたからね。

古田　「人間は神の奴隷であって人の奴隷ではない」というのがユダヤ教の根本的なテーゼだと思います。「日本に奴隷がいなかった」と言ったら、たぶんユダヤ人は驚くでしょうね。古事記の神様たちが分業して働いていたと知ったら、尊敬してくれるかもしれませんよ。そういえば、イスラエルの元駐日大使のエリ・コーヘンさんが、日本の武士道を評価する本（『元イスラエル大使が語る神国日本　神代から大東亜戦争、現代まで貫く「日本精神」とは』ハート出版）を書いていますね。

藤井　コーヘンさんは共著の本を出したことがある友人です。そういうことを分かってくれて、日本とイスラエルと少しずつ良い関係ができてきました。ユダヤ人は数が多くないけれど、欧米、特にアメリカは勘どころにユダヤの人たちがいて、あの国を動かそうと思ったら、ユダヤの愛国者と提携したらうまくいく。アメリカを生かす一つの綱は、イスラエルです。

古田　ヨーロッパでは根底にユダヤ人に対する差別意識がありますね。

藤井　そうです。一方、日本は一貫して人種差別反対です。東條英機は戦争が下手だったけれど、満洲でユダヤ人を助けたでしょう。立派なものです。

戦前、ナチスドイツに迫害されたユダヤ人の難民を、杉原千畝のように、日本は受け入れました。「たまたまドイツと同盟関係だったが、日本は悪くない。ユダヤ人亡命者を一番大事に扱ってくれた。アメリカもイギリスも受け入れなかった時、受け入れてくれたのは日本だった」と、彼らはよく知っています。

そういうところで実績があるから、いい関係ができる。ドイツから亡命するユダヤ人を載せた有名な船（セントルイス号）があって、イギリスで上陸を断られたり、パレスチナにも上げてくれなかった。映画にもなった（映画題名『さすらいの航海』）。原作は、ゴードン・トーマス＆マックス・モーガンの『絶望の航海』ハヤカワ文庫）。ひどいものです。アメリカのルーズベルト大統領にしても、ユダヤ人に冷たかった。スターリンももちろんのこと。彼らは本当はユダヤ亡命者のことで発言権はあまりない。

古田　そうですね。

藤井　そういう歴史があるのだから、イスラエルをつかまなければダメ。でも、左翼は分かっていない。それから、古いユダヤ陰謀論みたいなのもどうかと思います。イスラエルという国ができたことで、ユダヤ人は寄生民族でなくなり、変わりました。ユダヤ問題に対する解決策はイスラエルの建国だったんです。

古田　新しいユダヤ人の誕生ですね。「生存」という国家理性を立てているところが素晴らしい。

藤井　そう。言ってみれば、新愛国主義です。戦うユダヤ人が二千年ぶりに復活した。イスラエルの愛国者と仲良くすることは、とても大事です。逆にイスラエルに嫌われたら、日本はアウトだと私は思います。

第五章

日本は何を反省し、何を守り、何を目指すべきなのか

日本は朝鮮統治で間違いを犯した

藤井　古田先生が何度か古今東西の奴隷制のことをおっしゃったけれど、その話を勝手に広げますと、日本は古代においても奴隷制社会がなかった。それは日本の歴史上で素晴らしいことです。しかし、その反面で、奴隷というものを想像しにくい。日本が本当の意味での植民地を持たなかったのは、そこに一つの原因があると思います。つまり、戦争に負けた国の国民を徹底的に差別して奴隷にするのと同じメンタリティで、西洋諸国は植民地支配をやったけれど、日本はそれができなかった。

古田　シナ律令制の真似をした古代の日本では、身分としての奴婢《ぬひ》は置きましたが、彼らは田んぼもっています。そんな奴隷はいませんから、彼らは一世紀かけてこの汚名を返上した。日本には奴隷がいないだけでなく、シナから宦官という制度を取り入れることもなかった。これは人間の家畜視ができないということです。民族は必ず「脱落のプロトコル（命題）」を持っていて、歴史上、経験したことがないものはなかなか理解できないものなのです。

藤井　相手を壊滅させるような異民族同士の殲滅《せんめつ》戦争をやっていないから、日本は奴隷を使えず、本当の植民地統治もできなかったと思いますね。

古田　日本が朝鮮半島を植民地にしたと言われるでしょう。でも、日本が朝鮮にいった時は国庫が空でした。そして、王様が「好《よ》きにはからえ」と言って、五人の大臣に国を丸投げした。これは記録に残っています。その結果、日本に併合された。だから侵略でも何でもない。

藤井　自壊です。

古田　日本からすれば、そんなところに関与したというのは不運としか言いようがないんですがね。

藤井　ある意味で日本は朝鮮を助けたけれど、その助け方が間違っていたと思います。何が間違っていたかというと、朝鮮人をまともな近代的国民にしようという「変な考え」を持ったことです。では、どうすればよかったのか。ロシアの南下に対するのが目的で、やむを得ず併合するのだから、遅れた部分は放っておいて、陸軍と海軍の基地だけを造っておく。その周りにちょっと売春街があるとか、その程度でよかったんですよ。

古田　学校をつくって、教育を普及させたのは間違いだったというわけですか。

藤井　京城帝国大学をつくるなんて意味不明ですよ。鉄道も、陸軍基地と海軍基地、それからロシアの南下に備える軍事的に意味のある要所だけに限る。こういうふうにやったほうが、朝鮮人に恨まれなかったと思いますね。

古田　でも、李氏朝鮮は古代だから、国民のレベルがインドより低いんです。

藤井　友人のインド人に伝えておきます（笑）。

古田　李氏朝鮮の五百年は古代だったから、インドのほうがずっとマシ。朝鮮は本当に「古代」そのものなんです。

藤井　李氏朝鮮が古代というのは、どういう状態だったのですか。

古田　朝鮮は中国よりもっと古代が深くて、五百年、何にもない古代です。どれぐらい何もないか。私が四十年間、研究してみて何もなかった（笑）。

先日、ついに『儒家文集』二十六冊を捨てました。『儒家文集』とは李朝時代に儒者官僚や、その子孫や弟子たちがつくった文集です。何か役に立つことが書いてあるかと思い、二十六巻を買って下手な漢文を読みました。

藤井　彼らの漢文は下手ですか。

古田　朝鮮人の漢文は下手です。私はシナ史出身なので、はっきり分かってしまいます。

四六駢儷体《しろくべんれいたい》と言って、南北朝時代の漢文しか書けない。そうでない人はわずかです。たとえば、李退渓《りたいけい》はうまい。うまい人ばかりだと日本人は称賛するけれど、ほとんどが程度の低い漢文しか書けません。

藤井　そうですか。

古田　『儒家文集』は朱子学の学理の話ばかりで、その他には友達がやってきた話（これはまだマシなほうです。党争の研究に役立ちます）や、下役が持ってきた賄賂のリスト、それから下手くそな漢詩。その中で李彦迪《りげんてき》という儒者がいい詩を書いていたので、若書きの本で引用したら、早速、中国哲学の三浦國雄先生から「あれは『後漢書』逸民伝の剽《ひょう》窃《せつ》です」というお葉書をいただきました。

藤井　あっ、そうですか（笑）。

古田　五百年間、そんなレベルです。はっきり言って遊んでいた。民衆のほうも遊んでいたと言っていい。だから、何もしなかった。でも、しょっちゅう異民族がやってきたのだから、それは無理もないんですけどね。

藤井　チャイナもヨーロッパも、民族間の殲滅戦争をやり、奴隷を使った。民族間の殲滅戦争を経験せず、奴隷をもたず、植民地支配をしたことないことは美しいけれど、それは日本の欠点でもある。だからこの国はダメなんです。その弱さを分かっていないと、どうしようもないと思います。

古田　一度滅びたのにね（笑）。

藤井　そう。精神的な甘いところがあるから、大東亜戦争で負けてしまった。我々は今、敗残兵が集まって会議しているようなものです。陛下が残っていらっしゃるから、どうにかなるだろうと思って。

古田　東京大学の加藤陽子氏が「憲法にまで手を突っ込んで、それを書き換えるのが戦争だ」（『それでも、日本人は「戦争」を選んだ』二〇〇九年、朝日出版社）と言っていますが、戦争に負けた国がソフトをいじりまわされてハードを変えられてしまうのは当たり前の話です。

藤井　日本人は一回、奴隷の立場に立ったんです。

古田　ひょっとして、藤井さんは、源義経、赤穂浪士、西郷隆盛のような負けた英雄を嫌いではないですか。

藤井　嫌いです。敗者の美学が分からないではないし、判官びいきの気持ちも分かるけれど、日本人はあまりにも入れ込むからダメなんです。そういう人たちをすくい上げる土壌がありすぎることは、日本人の弱さだと思います。

古田　いや、実は私も嫌いです。負けたものを英雄にすると、また負けますよ。一回滅びたということを、重く受け止めたほうがいい。私は個人的に乃木希典が好きですが、人前では絶対言いません。今日のここだけです。

藤井　同感です。日本は一度滅びたという現実を見つめないと、どうしようもないでしょうね。

大東亜戦争の意義とは何か

藤井　抽象的な話になりますが、大東亜戦争の意義ということを考えたことがあります。たとえば、明治維新が展開した先に大東亜戦争があり、大東亜戦争が展開した先に今日の日本があるとすると、私は今、大東亜戦争を肯定できない。大東亜戦争をやって負けたから、日本が「半国家」のような状態になった。また、現在のアジアを見れば、大東亜戦争から出てきたのが中共帝国でしょう。下手すればアジア全体が大中共帝国になってしまって、我々も呑み込まれるかもしれない。

古田　そうはなりませんよ（笑）。歴史上、威嚇と牽制しか知りませんし、呑み込めてもウィグルなどの一千万人規模です。それに戦争に勝ったことがない。戦争に勝ったことのないドイツ（一度勝ったプロシアは消滅した）と同じで、買いかぶりすぎですよ。たぶん、シナ哲学とドイツ哲学を「正統」だと思い込んでいる影響だと思います。

藤井　そうなんですけれど、結果から見て、現在の我々にとってどういう意味があるのかを考えたら、日本が大東亜戦争に負けて中共帝国ができ、アジアを制することになったら、肯定できませんよ。

古田　前にも言いましたが、中国はバラバラになって、中華民国期のような状態になると私は思う。

藤井　私も最終的な見通しとしてはそうです。そのほうが多くのチャイニーズにとって幸せだと思います。しかし、それが現実として存在しない今、我々は大東亜戦争を戦ったと自慢してみてもしょうがない。『英国人記者が見た連合国戦勝史観の虚妄』の著者で元ニューヨーク・タイムズ東京支局長のヘンリー・スコット・ストークス氏のような人がいてくれるのは有り難い。

しかし、「大東亜戦争はアジアを解放した」という評価も、二十年ぐらい前までならよかったけれど、今は中共帝国の脅威のほうが大きい。

ただ、我々は生きているから、常に状況は変わります。憲法の九条を改正し、自主国防という基軸をつくって、天皇陛下を国家元首にするぐらいのことをやれば、敗戦の一番大きなダメージは回復できる。そして、アメリカと組んでいいのですが、日本がアジアを中共帝国の脅威から解放して初めて、大東亜戦争の大義は成り立つ。つまり、我々がどう行動するかで、大東亜戦争の意義が決まっていくと思うんです。

古田　その発想は、ちょっと近代っぽい感じがする（笑）。

藤井　私が言う「近代」と、古田先生の言う「近代」とはだいぶ違っています。私のは近代市民社会ではなく、近代民主国家です。市民社会なんて全然信用していませんから（笑）。

古田　ここだけの話ですが、私には生まれつき所属意識がなくて、慶應には子供のころから十二年間もいましたが、愛校心の欠けらも生まれなかった。所属の実感があるのは民族だけ。学校とか国家とか、硬そうな入れ物はどうも堅苦しい（笑）。

歴史は段階的に発展していかない

古田　藤井さん、最後に近代の話をしましょう。ほとんどの国が近代に入る前は古代です。仮に中世を大土地所有による領国制と規定するならば、西ヨーロッパ、北インド、それから日本ぐらいにしか中世はありません。あとはみんな古代です。はっきり言いますが、マルクスのいう歴史の発展段階（原始共産制→古代奴隷制→封建社会→資本主義社会→共産主義社会）なんて空論、嘘八百です。

藤井　世界史的に共通する時代区分などはなく、日本なら日本の時代区分があればいい。ヨーロッパはヨーロッパの時代区分がある。世界共通の図式なんてないですよ。

古田　私もそう思っています。

藤井　私の妻はメキシコ出身で、メキシコの遺跡をよく見るけれど、古代、中世、近代という図式はあてはまらない（笑）。

古田　ヘーゲル、マルクスが「歴史は段階的に発展していく」とした。この進歩史観なるものはリベラルの学者たちが大好きな考え方です。最後に共産主義を優位に持っていきたいから、彼らはそれを言い張ったけれど、おかしいことはすぐに分かる。歴史が進歩するのなら、古代に滅亡したところはどう考えるのか。インカ帝国は十五世紀に滅びたけれど、その後の歴史は段階的に発展したのでしょうか。

藤井　ヨーロッパ人が来て古代国家がなくなった――で終わりです。

古田　そうかと思うと、タンザニアのように、部族国家からストレートに社会主義国家に移ったところもある。時代区分は国ごとでいいんです。

藤井　それしかないですよ。

古田　日本であれば、古代、中世、近代、現代でいい。近世はいらない。

藤井　そうでしょうね。

古田　左翼系の歴史学者は必死に誤魔化したけれど、進歩史観は終わっています。でも、リベラルの人はまだ終わっていないと信じている。

丸山眞男氏も歴史を語って、「ぼくは個々の事件について、因果関係をある程度確定できると思います。しかし、全体についての法則性というのは否定的です。マルクス主義がいうような、世界史の法則性とか、日本史の法則性とか、そういうものはないと思います」（東京女子大学丸山眞男文庫編『丸山眞男集　別集』第四巻「正統と異端一」〈岩波書店〉

一九五頁）と、きっぱり言い切ります。しかし、「今日のわれわれのオーソドクシー」（五三頁）を守るべく、「評判の悪い、歴史の進歩観に立つということです（笑）」（四九頁）と、笑いながら信じろというのですね。これは欺瞞です。

なぜ、こんな話をするかというと、日本は、「近代が終わった」と思った方がいいからです。日本は教育体制がドイツ哲学だから、進歩史観の影響が強い。それだけに「近代は終わった」と思わないと、リベラルの理念が残ってしまう。

「歴史は進歩する」『共産主義が優位だ」はすべて近代の理念です。これはもう確実に壊れている。もっと言うと、世界のどの国の文化も価値は同等だという「文化相対主義」、あるいはアジアと連帯できるという「アジア主義」、それから「ナショナリズムは悪だ」「革命は善だ」というのも、みんな近代の理念です。マックス・ウェーバーですら「革命は善だ」と考えていました（『古代ユダヤ教』の「エヒウ革命」のプラス評価）が、本当のことを言うと、革命を起こすと権力主義者たちの虐殺ですから、みんな不幸になるんです。それは今の日本人だったら分かるはずです。全学連とか全共闘とかが革命の再現実験をして、ことごとく失敗していますからね。

にもかかわらず、朝日新聞を読むと、「六八年抵抗のうねり」といった変な特集をしています。そんな本も出ている。だから、日本人は「近代が終わった」と思わないと次が危ない。小川榮太郎さんの言うように、「リベラルの名の下に曖昧なマルクス『趣味』が拡大再生産を続ける事になる」(『正論』二〇一八年十一月号、一六一頁)。

フランス人は一九七〇年代に「大きな物語が終わり、近代が終わった」と言い始めました。イギリス人は「一九九一年のソ連崩壊でポストモダンに入った」と言い出した。ドイツ人は「一九九〇年代に小さい近代が終わった。これからは本格的な近代だ」と言った。アメリカは古代も中世もないから、近代という実感がない。クーパー流に言えば、いつも近代、つまり現代です。藤井さんはおそらくそれにシンクロしていると思う。

「朝鮮に中世はなかった」と言えない時代があった

藤井　いや、私が言っている「近代」と、古田さんの「近代」はだいぶズレがある。言葉は一緒だけれど、中身は違うと思います。共産主義、マルクス主義は近代の否定だと私は考えているんです。

古田　ああ、リアリストだから、リベラルの方は近代に入っていないんだ。

藤井　今、近代が危うくて、日本は近代にこだわっていかなければいけないと、私は思う。いや、近代でなくてもよくて、たとえば共和制の古代ローマでもいいんですが、要するに、良い国家と悪い国家は「パブリック」が成り立っているかどうかで決まると思うんです。たとえば、共同体意識がある社会には「ゴミを勝手に捨てない」というルールがあり、皆が快適に過ごせます。

日本には天皇を中心とした「パブリック」の秩序があります。アメリカも、キリスト教的価値観を中心に「パブリック」が存在する。共和政の古代ローマにも「パブリック」はある。「パブリック」という考えが成立する国家にこだわっているんです。

古田　「パブリック」があるかないかで分ける……と。藤井さんのおっしゃる「パブリック」は「みんなのためになんかする」ということだと思いますが、そういうものはシナやコリアには全くありません。

藤井　「パブリック」がある国家に、日本やヨーロッパの一部が到達した。それはいろいろな理由があるけれど、自由、分権的な自己責任というものを内包した封建制があったからということが大きいでしょうね。皇帝一人が偉くて、他はみんな奴隷だという考え方とは違い、分権的な自己責任から徐々に法の支配というようなものが生まれ、今に至った。
古田　封建制がいいという考えなんですね。つまり、大土地所有の領主制で成立し、領主同士が競うような時代。
藤井　だから分権自治になるんです。
古田　そうそう。みんな独立採算ですからね。
藤井　日本では江戸時代がそうでした。独立した大名の自治があり、どこも大変だった。
古田　独立採算で競争すると、産業化が起こります。地方の名産が生まれます。
藤井　封建制では、自由、名誉という考え方にも意味があります。日本はどちらかというと名誉に重きが置かれたけれど、自由が基本的になければ、名誉というものは成立しないと思います。いくつも選択肢があって、卑怯なこともできるけれど、卑怯なことをしないということが名誉。だから、武士道は自由があることが前提です。
ただ、封建制は日本と西ヨーロッパしかなかった。
古田　先ほども言いましたが、北インドの藩《はん》王国はわりと領主制に近いんです。若いときに北インドの学者の発表を聞いていて――もちろん当時はマルクス史観の歴史学です――、他の国の学者は全然当てはまっていないのに、北インドの話はちゃんと聞けた。

だから当てはまっているのだと思う。他の地域は全滅です。全部封建制があったというのはウソ（笑）。

藤井 北インドですか……。それでも、地球上で奇跡的なようなものなんですよ。北インドには少し期待できそうだ。

古田 他には見当たりませんね。東ヨーロッパは封建制があったとは言えないな。

藤井 世界史で「絶対王政」（アブソルート・モナーキー）という言葉が出てきます。なぜ「絶対」がつくのか、日本人はほとんど分からないと思いますが、「絶対王制」の前に「封建王政」（フューダル・モナーキー）というものがあったからです。封建王制とは王様が封建領主の第一人者に過ぎない。ところが、近代化の過程で強い権力を持つようになり、イギリスのエリザベス一世、スペインのフィリップ二世、フランスのルイ十四世といった、他の領主と隔絶した力をもつ王様が出てきた。これが「絶対王政」で、近代化がさらに進むと、次に「立憲王政」（コンスティテューショナル・モナーキー）になるわけです。

古田 イギリスは初めからアブソルート・モナーキーではないですか。そこからパーラメント（議会）が生まれるわけでしょう。

藤井 パーラメントが出てくるというのは、王様を捕まえてマグナカルタを書かせたという話から始まります。

古田　ああ、あれは征服王朝だったからですか。

藤井　そう。マグナカルタを書かされたジョン王はアンジュー朝の王様で、フランスから来た人が初代です。地元の貴族たちがジョン王の要求に反対し、マグナカルタを書かせた。それがコンスティテューション（憲法）や議会の嚆矢《こうし》となりました。

古田　シナやコリアにはそういう「みんなのためになんかする」という歴史が全くない。

藤井　ヨーロッパや日本は封建制度、分権自治の時代があって、近代になりました。チャイナや朝鮮は、封建制度、分権自治がないから、当然、近代的な自由もないし、法治主義もない。それは古田先生が言う「古代」という意味だと思うけれど、封建制から近代へという歴史の連続性を有するところは本当に少ない。

古田　昔の朝鮮研究者は、「朝鮮に中世がある」ということを証明しようとして研究していた。そのためにいろいろな「嘘」をひねり出すわけです。たとえば、農村で百姓が機《はた》織《お》りしていることを、農村マニュファクチャーだと言い張った。今から見れば笑うけれど、悲しいことに、その病気にみんなかかっていました。内発的に発展していくという内発的発展論にしても、そんな力はない。しかし、「朝鮮には中世がなかった」なんて、なかなか言えなかった。私にしても、一九九九年ぐらいまでの著作では、「中世朝鮮」と書いたりしています。ところが、二〇〇〇年に入ったら言えるようになった。ということは、近代は終わったんです。

「近代」が「前近代」の闇に飲み込まれていく

藤井 話を戻すと、私は「近代」にこだわっていて、パブリック（公共）の存在とか法の支配とか個人主義とか、合理主義とか、近代科学とか、そういったものは大事だと思います。

古田 もちろん大事ですよ。韓国なんか、裁判官が近代罪刑法定主義の「法の不遡及《ふそきゅう》」が分からない。それで過去の「徴用工」を勝訴させたりします。

藤井 大勢を見ると、どうも近代が危うくなっている。これは資本主義の観点で考えたことですが、資本主義が資本主義以前のところに広まっていくのが、現在の大きな動きですよね。

古田 そうですね。

藤井　この動きを昔は楽観的に考えていました。「資本主義は近代合理主義である。資本主義が広まっていけば合理主義が広がり、アラブの世界でも、チャイナでも、朝鮮でも、東南アジアでも、契約の概念や法治主義が定着するはずだ。近代が経済から入っていく」と思っていたんです。しかし、現実は逆でした。資本主義が改竄されて、近代資本主義が変質してしまった。

古田　韓国は近代合理主義がないですよ。韓国の学者の論文を読んでいれば分かります。逆に台湾にはあります。ちゃんと読めますから。

藤井　一番よく分かったのはチャイナです。資本主義がチャイナに入っていったら、知的所有権も何も認めないという、インチキ資本主義になった。

古田　要するに、グローバリゼーション段階の資本主義は、契約ということを含めて、全部ハードルを下げたんです。米政治学者のバーバーが二十年前に優れた先見を発信しています。

「皮肉なことに、グローバルな経済力は最も民主的な国民国家を弱体化し、最も非民主的な第三世界でそれを強化し、どちらの場合にも自由を危うくしている」（『ジハード対マックワールド』三田出版会、一九九七年）

藤井　そう。グローバリゼーションで、近代が侵される立場になった。だから、契約の概念や法治主義がないところは、いくらやっても分からない。無理です。古代と近代がケンカしたら近代が負けてしまう（笑）。

古田　アメリカのバイヤーがネットで見て中国の工場を探して、そこに発注する。そうすると、中国の工場は誤魔化す。ボディシャンプーだったら量を減らして、浮いた分でまた工場を作る（笑）。そういうことをやっているから、中国人は古代頭のままなんです。

藤井　資本主義が広まっても、世界がある程度近代化するわけではなく、逆に侵食を受けて、資本主義が古代化される。そうすると、だんだん日本でもアメリカでも、「インチキもありじゃないか」という感じになってきてしまう。なぜなら、向こうの方が結果として競争に強いから、「しょうがないね」となるわけです。

古田　資本主義と民主主義が歩を合わせていかなければいけないという意識がなくなりましたね。

藤井　そう！　近代にはいろいろな意味があるけれど、目に見えるメルクマールは二つ。民主化と工業化です。古代社会はモノマネの工業化はできても、民主化は絶対できない。工業化ができて民主化ができなかった代表例はソ連で、チャイナもそうです。

古田　その鍵を握っているのが「パブリック」ということでしょう。
藤井　そうなんです。民主化は「パブリック」という概念がなければできない。
古田　その「パブリック」の起源は封建制にあるということをおっしゃりたいんですね。
藤井　そうです。
古田　なるほど。そういう考え方はよく分かりました。
藤井　どうも私たちは負ける側の少数になっているのではないかと思うと、イライラします。
古田　封建制があるところが地球上では少ないからね。
藤井　日本は曲がりなりにも近代になった。ようやくそこにわれわれは来ている。しかし、近代は危ういと思っています。ヨーロッパもEUの行き方を見ると、前近代の闇に飲み込まれていくのはないかという恐怖感がある。
古田　ただ、「前近代」、「古代」国家は、イノベーションは弱いですね。
藤井　だから新しいものは出てこない。だけど、リバースエンジニアリングで、既製品の真似はできます。北朝鮮の核兵器とミサイルもそうですよ。新しいイノベーションがなくても、作ったものを真似することはできる。

古田　核でも民生品でも、真似して、大量に安く作っていく。

藤井　これも誤解があって、一九六〇年代、七〇年代の日本人は非常に高慢でした。ヨーロッパとアメリカ以外で工業化ができるのは日本だけだと思っていた。私はそのときから「日本がやったことは、アジアの他の国はできると思っている。現代の大量生産などは基本的なシステムさえ入れれば、それほど難しいことではない」と言っていたけれど、七〇年代に日本の後を追って香港、台湾、韓国が少し良くなり、雁行型経済発展といわれても「あの程度であって、一般的ではない」と思われていました。

ところが、今やチャイナはもちろん、インドネシアに行こうが、マレーシアに行こうが、工業の大量生産をやっています。工場のシステムさえ持っていけば、誰でもできるんです。

古田　近代化に失敗した国は、ほとんど全部が古代化しますよ。封建制の中世のなかったところは、失敗するとこうなるしかない。

「すでに先ほど簡単に触れたが、結局、人間が時間を分けて考える基本は、『今』と『むかし』、ということだ。これを言い換えれば『現在』と『過去』、さらに言い換えれば、「現代」と「古代」、という二分法になる。二分法以外に、実際的な時代区分はあり得ない」(『岡

田英弘著作集』第1巻「歴史とは何か」国書刊行会、二〇一三年、一四七頁）

藤井　そうですね。古代しかないところは、他に行く先がない。

古田　何が古代かというと、まずは専制支配と身分制です。それから、なぜなのかはよく分からないけれど、彼らは巨大建造物が好きだね。北朝鮮のミサイルも金日成の銅像も巨大建造物みたいなものです。

藤井　権力の象徴と考えた方がいいかもしれないですね。

古田　そうそう。古代はああいうのが大好きなんだ。でも、古代から抜け出ると、あんなものはどうでも良くなる。

「弱い者はそっとしておけばいい」（三島由紀夫）

古田　ところで、「文化相対主義」をどう考えていますか。

藤井　近代が正しいという意味において、文化相対主義は間違いです。しかし、西洋人があまりにも西洋中心主義だったから、それを是正するための薬の一種としては良かったとも思います。

古田　ウンベルト・エーコ流に言えば、君たちの文化を威張ってもいいけれど、お家で静かにしていなさいという感じですね。ところが、それを日本のリベラルが高めてしまった。文化は全部同等の価値があるなどと、東大の教授でも平気で言う。

藤井　ＬＧＢＴ（注1）にしても、好きな人もいれば、嫌いな人もいるのだから、しょうがないんです。そういう人たちがいることを、みんな知っている。だから、それを責めない。三島由紀夫が死ぬ前に、「弱い者はそっとしておけばいい」と、いいことを言っていました。

古田　今だと、私のような喫煙者は弱い者だから、ほっといてください（笑）。

藤井　タバコが好きな古田先生のために、性的マイノリティではないスモーカーを加えるとＬＧＢＴＳを大切にせよ――かな（笑）。

古田　それはそれとして、たとえば同性愛者が基本的に人間として価値が劣るわけではありません。問題はノーマリティーとアブノーマリティーの区別です。何が正常で非正常かということを分かっていないといけません。すべての人が同性愛になったら、次の世代の生殖ができないから、明らかに生物としては異常です。動物の世界にも同性愛があるそうで、常に遺伝子のブレというのは出てくるから、それは当たり前と考えていいでしょう。そして、そういう人たちも含めて「世の中」が成り立つ。こんなような理解が寛容ということだと思います。

古田　それが現実だから、多少の違いは、そっとしておこうということですね。

藤井　私は東京の下町で暮らしているのですが、昔、面白いことがありました。そば屋で出前をする兄ちゃんの姿を見なくなって、どうしたのかなと思っていたら、その手のバーの前を通ったとき、彼が「藤井さん！」と声をかけて来た。「私、こっちの世界になっちゃったのよ」（笑）。

古田　転向ならぬ転換したわけですね（笑）。

藤井　そういう人もいるのは当たり前で、「がんばってね」という話です。格別、目くじら立てることもないし、怒ることもない。ただ、異常か正常かといったら、それは異常です。異常だからまた楽しいのだろうと思う。倒錯の世界は快楽があるらしいし、その人たちから快楽を奪ってはいけません。レズの結婚式もホモの結婚式も、ご本人が幸せならいい。しかし、子供には「あの人たちはちょっと普通ではない」ということが教えられないといけない。私はそれだけだと思います。

古田　竹内久美子氏によると、ゲイの人は人類の四％はいる。二十五人に一人だから、韓国の失業者と同じです。ちなみに、韓国の若者の失業率は四人に一人。

藤井　まあ、リベラル的発想で調べて、人間の性的嗜好が六十何種類あると、ドイツで発表されました。動物に恋する人は昔の民話にも出てくるけれど、物が好きという人もいるそうです。

注1　ＬＧＢＴ：性的マイノリティーの中で、同性愛のレスビアン（lesbian）とゲイ（gay）、両性愛のバイセクシュアル（bisexual）、身体と心の性が一致しないが、外科的手術は望まないトランスジェンダー（transgender）の総称。

人間の精子と卵子には相性がある

古田　先ほど、近代が危ういと指摘されましたが、サイエンスも実は危ないんです。それは何かというと、自然科学が金科玉条のようにしていた再現性が、実はそれほど取れない、最近では「再現性の危機の時代」といわれていて、その指摘はネットにも出ています。「ネイチャー」誌などに載った実験の結果の再現実験をすると、あまり再現できないのだそうです。今年のノーベル医学生理学賞の受賞者、京都大学特別教授の本庶佑《ほんじょたすく》さんが正直にそれを伝えてくれました。

「私の大雑把な感覚では論文が公表されて一年以内に再現性に問題があるとか、実験は正しいけれども、解釈が違うとか、実験そのものに誤りがあるとか言った理由で誰も読まなくなる論文が半分はあります。二番目のカテゴリーとしては、数年ぐらいはいろいろ議論がされ、まともに話題になりますが、やがてこの論文が先と同様に様々な観点から問題があり、やはり消えていくものが三〇％ぐらいはあるでしょう。論文が出版されてから二十年以上も生き残る論文というのはいわゆる古典的な論文として多くの人が事実と信じるようになる論文で、まず二〇％以下だと考えております。中には最初誰も注目しなかったのに五～十年と次第に評価が上がる論文もあります」（新潮社『新潮45』「STAP論文問題私はこう考える」二〇一四年七月号、二八～三三頁）

　危ないのは文系だけではなく、理系も危ない。ひょっとすると、サイエンス自体を再定義しなければいけないかもしれない。

藤井　STAP細胞の騒動（注1）がありましたね。

古田　本庶先生の意見に耳を傾けると、たしかにあの実験結果には問題があるらしい。

しかし、実験の失敗なんかで最初の一年で半分落ちるのが普通だとおっしゃっているではありませんか。それなのになぜ、あの子があんなに叩かれたのか。大学院生でしょう、そんな若い子がなぜ理化学研究所のユニット・リーダーになれたのか？

藤井　うーん、分かりませんね。

古田　日本分子生物学会理事長の大隅典子氏の小保方論文を憂慮する二〇一五年三月十一日付のネット掲載声明「ＳＴＡＰ細胞論文等への対応についての再要望」も、どこかぎごちない。

「科学論文は実験結果に基づき、その正当性が初めて保証されます。残念ながら、今回の論文等に関しては、データ自体に多くの瑕疵《かし》が有り、その結論が科学的事実に基づき、十分に担保されているものとは言えません。また多くの作為的な改変は、単純なミスである可能性を遙かに超えており、多くの科学者の疑念を招いています。当該研究の重要性は十分に理解していますが、成果の再現性は別問題として、これら論文に対しての適正な対応を強くお願いします」（一五三頁）とあった。

どうしても腑に落ちないのは、この最後の「成果の再現性は別問題として」です。

小保方晴子『あの日』（講談社、二〇一六年）も読んでみたのですが、彼女には再現実験の技術がないのです。とすれば、大隅典子氏は再現実験をした誰かさんをかばっているとしてしか読めないではないですか。

藤井　なるほど。

古田　「再現性の危機」が表に出ないように、みんなが誰かさんをかばって、彼女に責任を全部押し付けて潰したのではないか。だって本庶先生が、まともな論文なんか二〇％以下だと言ってるではありませんか。今の日本の理系に文系の予算を喰う資格なんかないですよ。大学の文系縮小と一緒に理系も縮小した方がよいのではないでしょうか。「再現性が科学の金科玉条である」という迷信が崩れたのですよ。小保方さん実験うまいからユニット・リーダーになれて、ＳＴＡＰ細胞できちゃったと勘ぐることもできます。

藤井　つまり、彼女の前では一回は起きたんだ。

古田　本庶先生は魅力的なテーマだと言っています。でも、それがなかなか再現できないそうで、だって生き物だから。

藤井　なるほど。

古田　生き物なんて、そんな簡単に再現できるわけがないでしょう。

藤井　そういうことはありうると私も思います。

変な話だけれど、精子と卵子を取り出して行う人工受精の現場の方が言うには、「子どもができない夫婦にはいろいろな理由があるけれど、精子と卵子が元気なのに、人工受精をいくら試みても妊娠しないことがある」のだそうです。たとえば、卵子と精子がお互いに逃げたりする。

古田　生き物だから、相性が悪いとダメなのでしょう。

藤井　普通に考えたら、元気な卵子と元気な精子は必ず受精するはずです。ところが、相性があって、うまくいかないことがある。「そんなことを学校で教わらなかったけれど、実際にやっていると現実にあるんだ」と、彼女は言っていました。これは再現性がないということでしょう。

古田　生物学で簡単に再現性が取れるなんて不思議だと、前から思っていました。

藤井　物理学者の武田邦彦先生に聞いたら、物理学でも最先端の実験では再現性五〇％で十分だそうです。モノとモノだったらまだいいかもしれないけれど、生命となったらかなり高度なシステムでしょう。人間でいえば意思を持っている。だから、好き嫌いで結び付いたり、結び付かなかったりする。生物学での再現は、もっと低くて当然です。

古田　それは生物学のジャンルではなく、たぶん哲学でないと解決できないと思います。

藤井　そこまで来たら、そうですね。少なくとも、生物学とは別の次元のロジックが入ってこないと駄目でしょう。

古田　哲学者のやる仕事はいっぱいあるのに、誰もやらない。昔のままです。だから、「近代が終わった」と、ド突かないといけません。そういう意味では、近代が終わったと言った方がいい。

藤井　いや、その「分析」ということが近代そのものだと思う。こっちは近代を終わらせないためにがんばっています（笑）。

古田　なるほど（笑）。

藤井　先ほどの人工授精の話に戻りますが、お金持ちの家の息子が結婚して子供ができず、調べると精子が弱くてダメだという場合、親父の精子を持ってきて受精させるというようなことも頼まれるのだそうです。

古田　そう言えば、北朝鮮の金正恩は、おじいさんの金日成の「精子」のような気がしてしょうがないですよ。親父の金正日の子どもに見えない。金正日はブ男で、キーの高い細い声を出す。だから肉声の演説がありませんでした。金日成は美男でだみ声。

藤井　外見が似ているし、そうかもしれないですね。本庶先生が有名な科学論文誌『ネイチャー』に載った論文の八〇%は、二十年後に誤りだったと判明するとおっしゃったのはもっともです。最先端科学とはそんなものです。

注1　STAP細胞の騒動：二〇一四年に理化学研究所が発表した新型万能細胞「STAP（スタップ）細胞」に関して、論文の画像や記述が不適切と指摘され、実験結果を再現できないこともあって、論文が撤回された。

クールジャパンと漫画・アニメの底力

藤井　最後の最後に、少し柔らかい話をすると、今クールジャパンでどのぐらい予算がついているか知りませんが、全部無駄遣いです。もっと有効にお金を使うべきところがある。

古田　何ですか。

藤井　漫画とアニメです。先般、少し話題になったのが、手塚治虫の鉄腕アトムの原画一枚が三千五百万円で売れたという話です。

古田　日本でですか。

藤井　フランスです。初めは四万、五万ユーログらいと言われていたんです。それがとんでもない額になった。もちろん、そういう相場をつくっていこうという人たちが人為的に仕掛けたと思いますが、確かに日本の漫画やアニメは、世界でものすごく人気あるんですよ。

古田　買ったのはどこの人ですか。

藤井　フランスの愛好家と記事に出ていましたが、たぶん相場をつくっている人たちが「今後こういうものの値段を上げていこう」ということで、そういう値付けをしたのではないかと思います。

古田　やらせですか。

藤井　やらせがないオークションはありません。

古田　今後の投資対象として、とにかく相場をつくったわけですか。

藤井　そうだと思います。それでも日本人としては有難い話ですよ。四万ユーロと思ったら一万ユーロでしか売れなかったというのとは逆ですから。「日本の国にはお宝がいっぱいあるぞ」と言われているようなものです。

このニュースを知って、私は鳥羽僧正《とばそうじょう》のことを考えました。鳥羽僧正の『鳥獣戯画』は今、国宝です。千年後には、手塚治虫の原画が同じような価値が出てくるのではないか。ならば、それを国が保存しておく必要がある。麻生太郎さんが総理大臣のときに、漫画やアニメの国立センターみたいなものをつくろうと言ったら、みんな意味が分からなくて「おまえが漫画好きだからか」と言われましたが、漫画とアニメのセンターはこれからの日本にとって大事だと思います。

古田　幕末から明治にかけて、浮世絵などが海外に流出しましたよね。

藤井　日本人がいい浮世絵や根付を海外の美術館に行かないと見られないのと同じになったら困ります。手塚治虫の原画であれ、何であれ、政府がちゃんと買って、公の場所で保管する。そして、将来、研究者が手塚治虫研究で博士号をとりに日本に来るという状況をつくらなければダメだと思います。たぶん手塚治虫の初期のものなんて、間違いなく百年後は国宝です。クールジャパンの予算が十億円あるとしたら、こういうものを買い集めて、センターをつくれよと言いたい（後記：呉智英《くれともふさ》さんによれば、既に現在の日本で、外国人が手塚マンガを博士論文のテーマにしているそうである）。

古田　おっしゃりたいのは、日本人はものの目利きが弱いということでしょう。私もそう思っています。

藤井　自分の持っている価値に気が付いていないんです。私は漫画が好きだから、いまだにときどき読みますが、最近は業田良家《ごうだよしいえ》を読んで、いいと思っています。

古田　業田さんは、私も本をもっています。私の雰囲気がタッチにときどき出てくるでしょう。

藤井　お知り合いですか。

古田　会ったことはないけど、文通仲間、心の友（笑）。

藤井　業田良家を勧めてくれたのは呉智英さんでした。だいぶ前だと思うけれど、彼が漫画評論家としてフランスのコンファレンスに呼ばれ、通訳付きで漫画論を話したそうです。彼が感想として言ったのは、「フランスはなぜ、そんなことをやっているか」ということでした。「フランス人が日本の漫画を好きだから」という理由はもちろんあるけれど、将来必ずビジネスになると彼らは知っていて、資料を集めたり、関係するセンターをつくったりしているという。

事実、世界中のアニメファンが秋葉原に来る。彼らからすれば、秋葉原は世界に冠たる聖地で、本当に魅力がある。政府は今まで漫画やアニメに一銭も使わなかったけれども、「これがクールジャパンだ」と思って、秋葉原に来てくれるんです。

古田 目利きが弱いのは図書館の司書。これはすぐ分かりますよ。

藤井 図書館の司書はだいたい反日左翼が多いでしょう。船橋の図書館が保守系の著者の本を捨てた事件があった。

古田 そこへ、結論がいくつか（笑）。

藤井 漫画本でも、昭和三十年代にあった『少年』などはザラ紙で、保存状況がよくない。あれもデジタル化すればきれいに残る。そういったことをやっておかないと、「お宝」がどんどんなくなってしまうのではないですか。

「ディープ・ステート」は国家解体を目論む

藤井 日本ではあまり書かれないけれど、アメリカでトランプが戦っているのは「ディープ・ステート」です。ディープ・ステートとは官僚機構内部の官僚機構のことで、普通は権力統制を行って国家を統治するというイメージなのですが、アメリカの場合は違います。これは「リベラルな官僚機構」であって、国家を解体する方向を向いています。

警察が不法移民を見つけても捕まえて国外に追い出すことができない「サンクチュアリ・シティ」（聖域都市）を造り、「違法移民の取り締まりをやめましょう」とか、「国境コントロールをしないようにしよう」というのが、アメリカのディープ・ステートのアジェンダです。

古田　サンクチュアリ・シティは旧約聖書に出てくる「のがれの町」（ヘブロン、リブナ、シケム等）みたいですね。どこにあるんですか。

藤井　ニューヨーク、サンフランシスコ、シカゴをはじめとする三十八都市です。

古田　キリスト教的な慈善の考えによるんでしょうか。

藤井　違います。むしろ、国家破壊的で無神論的リベラルが推し進めています。民主党政権の下で公然化しましたが、サンクチュアリ・シティが成り立つのなら法治社会なんてあってないようなものです。

古田　その通りです。

藤井　安倍内閣に対するモリカケ問題云々を見ていると、日本でも「ディープ・ステート」があると思います。彼らもまた、面従腹背《めんじゅうふくはい》の精神で国家を崩壊させる方向で動いている。敗戦国体制のままで、まともな国家にしないという連中が官僚制度の一番中枢にいて、チャイナや朝鮮ともつるんでいるということが、だんだん分かってきたのではないですか。その点で、安倍さんの位置とトランプさんの位置にはアナロジーが成立します。

それにしても、文部科学省の前川喜平氏など、ミスター売国官僚ではないでしょうか。

古田 ああ。あんな人が文科省の高級官僚にいたんですね。文科省は「ゆとり教育」「ポスドク一万人計画」「法科大学院」とか、全部失敗して多くの国民を不幸にしました。廃省しちゃった方がいいんじゃないの。

藤井 あの人は、はっきり言って、管理売春をやっているところへ「援助」に行っていた好色おじさんです。左翼系に人気があり、同じ文部省出身の寺脇研氏と対談で本を出したり、講演して回ったりしているそうですが、私が頭にきたのは『東洋経済』(二〇一八年四月一四日号)に前川氏が対談で出ていて、日本人の学力をどうやって破壊したらいいかという話をしたことです。

古田 そんなこと言ったのですか。

藤井 そういう文脈でとらえられる話なんです。高校中退を防ぐには数学の必修を廃止したらいいと、前川氏は言う。でも、数学はあらゆる産業力の基礎でしょう。まして現在はIT時代です。数学はITの基礎です。今、一番底上げしなければいけない。それなのに数学を必修から外せと言うのは、意図的だと思いますね。寺脇氏以上の「ゆとり教育推進」の俗耳に入りやすい屁理屈で、国家崩壊を狙っているとしか考えられない。

古田　なるほど、そういうことですか。

藤井　「いかにやさしく教えるか」「いかにレベルアップするか」という話ならいいけれど、数学をやらせるから中退が増えるので止めようというのなら、国語も理科も社会も止めたらいい。もっと言えば、掛け算の九九も覚えなくていい。これで中退はなくなります。高校で数学を必修にしないというのは、ゆとり教育の「円周率は3でいい」以下です。

古田　あれはひどかったよね。

藤井　円周率は無限に割り切れないところが一つのロマンであり、神秘ではないですか。そういったことを勉強するから意味がある。割り切れない数字があるということ自体が、人間の論理的な思考にとって大事な部分でしょう。だから、本当はこうだけれど、3・14で代行しているとか、七分の二二を使うんだよと教えるならいい。それを3でもいいにしてしまったら意味がない。これには小数点以下の計算を先に教えないから、という欠点もあった。

古田　藤井さんは数学が好きだからね。

藤井　好きではないけれども、文科系でも数学はやっておいたほうがいいんです。私はアメリカで大学院に進学するとき、ＧＲＥ（グラジュエート・レコード・エグザム）という試験を受けました。今もそうだと思いますが、日本のセンター試験のようなもので、それに論文と学部の成績がプラスされて、合否が決まります。

　私の時は試験が三つあった。第一は英語の試験、第二は文章を読んで「この原因は何だ」と推論するアナリティカルの試験、第三は初歩の数学の試験です。私は数学で満点が取れたはずです。試験が日本で言うと数ⅡＢの初歩レベルだったからです。私は数Ⅲまでやったから、簡単でした。英語はアメリカ人より劣るはずだし、アナリティカルでも基本的な英語能力が落ちるから不利だけれど、おそらく数学は満点だったから、ハーバードにいけたと思っています。日本人はそこで下駄が履ける。文科系でも数学をやらせなくなったら、欧米の一流の大学院に行ける人が少なくなる。文科系の人間には文科系の人間なりに数学の勉強の仕方がある。一般教養として、数学は教えといたほうがいいんです。

古田　経済学部は数学が必須でしょう。

藤井　経済学は何十年も前から数学ができないと意味がありません。

古田　フィールズ賞（注1）を取った小平邦彦さんは『僕は算数しかできなかった』という本を出していますね。

藤井　人間には得手不得手があって、本当に理数系だけ頭が発達した人は文章がちゃんと書けないとか、「書くなら数式で書いたほうがいい」という人がいます。極端な例を挙げればアインシュタイン。数学や物理はものすごくできたけれど、外国語は全く駄目でした。彼の青年時代は古いドイツのギムナジウム教育だったので、ラテン語とか古典ギリシャ語をやらされた。全然できないから、ギムナジウムは中退し、工科学校に進んだ。普通の大学にいっていないんです。それでもって特許事務所に勤めている時に、特殊相対性理論を書いて有名になりました。

天才というのはそういうものなんですね。ニーチェは逆に数学が全然できなかったけれど、古典ギリシャ語で学位をとった。天才は極端な才能を発達させた人だから、社会との折合がつかなくなることもあります。しかし、社会的適応を犠牲にしても救済ルートさえあれば、専門バカは専門バカでいいんです。一芸に秀でる、とはそういうことだと思います。

注1　フィールズ賞：優れた業績を上げた四十歳以下の若手数学者を顕彰する賞。カナダ人数学者のジョン・C・フィールズが提唱し、一九三六年に始まった。日本人では、小平邦彦、広中平祐、森重文が受章している。

日本人には守り育むべき「財産」がある

藤井　ある程度、人種や宗教の同一性がなければ、国として成立しません。大量のアラブ人移民を受け入れたスウェーデンが「強姦天国」になって、あまりにも事件が多すぎるために警察が取り締まりをギブアップした。ドイツでも、二〇一五年の大晦日に連続強姦事件がありました。マスコミは人種差別という批判を恐れて、あまり報道しませんが。

古田　グローバリズムの中で国家を強化するにあたって、「民族」の繋がりが重要になってきます。民族というのは、「因果のストーリー」、つまり歴史、文法、習慣、常識といったものを共有する人々です。「こうなればこういう行動を取る」とか、「こうすればうまく通じる」とか、「こうするとこうなる」という因果のストーリーを、日本人はお互いに共有できているから、これからの時代は強いですね。

でも時代が変わってしまって、常識が危なくなってきました。本当は道徳より常識を教えた方がいいんですけどね。

藤井　日本人が面白いと思うのは、一生懸命働くことが楽しいというところです。これは世界でも珍しい。西洋でも貴族はだいたい働かないし、「働かないことが一番いい」という発想がある。ところが、日本は金があっても働く。働かないと嫌なんです。

それから、日本人は職人が大好きですよね。優れた職人は高く評価され、この道一筋五十年という人が勲章をもらったりする。ただし、日本人は職人が好きというより、職人道が好きなのだと思います。

「十分な仕事をしたと思っても、翌日見たら不十分だった。これでいいということはない。だから、毎日が修行。慢心したらお終いだ」なんてことを職人は言う。毎日修行ということは終わりがないのだから、無限を意味します。

古田　「毎日、一歩ずつ進んでいく」とか、「体得が大事だ」ということもよく口にしますね。AIやロボットが盛んになるほど、人間は「体得」が重要になってくると思いますね。

藤井 そうそう。「周りから見ると同じことをやっているようだが、日々やっていることは違います」と、うどんを打つオヤジまで言ったりする。そうして精進し、自分のつくるものが世の中に喜ばれて受け入れられることが、精神的に楽しい。その技術を極めること自体が人生であり、高い人間性にも到達するし、深い精神的世界にも届く。そういう職人道が日本人は好きだと思うんです。

西洋人はたぶんモノづくりと精神性の世界を関連づけていない。技術と相まって、精神性の世界で評価されるのは芸術家だけです。

古田 ドイツのマイスター制度はどうですか。

藤井 近代のドイツも含めて、ワーキング・エシックス（労働倫理）というようなことが言われるから、ちょっとはあるでしょうね。だから、マックス・ウェーバーの「プロテスタンティズムの倫理」という話になるわけで、ドイツだけでなく、北イタリアにも職人芸の世界はあるし、フランスにもあります。たとえば、バイオリンを作る工房とか、ピアノを作る工房では、本当にその道一筋でやっていて、それが楽しい。儲かるか、儲からないかだけではない。しかし、そういうものは世界中でごく一部だと思います。

ヨーロッパの場合、職人道までいかないが、「職人芸＋キリスト教精神」ではないですか。しかし、「技術の向上」＝「精神の向上」というところまでは行っていない。

古田　そうでしょうね。ＮＨＫの語学番組「旅するドイツ語」「旅するフランス語」「旅するスペイン語」「旅するイタリア語」でよく見ますね。「旅するハングル」や「旅する中国語」は企画できないと思う。釜山の市場でキムチ漬けてるおばちゃんとか、牛のタママ抜いている中国の村（莫言《ばくげん》の小説『牛』を見よ）のあんちゃんじゃぁね、客ひけません。

藤井　日本の職人道は、日本人の神聖感に通じるように思います。お祈りするという抽象的思考ではなく、何か具体的な仕事に携わり、その道を究め続けて、精神的にも高い世界に行く。そういう人が日本で尊敬され、「何とかの神様」いう呼ばれ方をする。日本人の神聖観はそういう感じでしょう。

古田　同感です。

藤井　もう一つ、日本人の自然観はだいたい悉皆成仏《しつかいじょうぶつ》みたいな感じですね。何でも魂がある。木にも石にも魂がある。これはたぶん縄文時代以来でしょう。

古田　私は木に体内時間があると思う。だって地震があったら、実をつけなくなる。あれ、波束の収縮じゃないかな。あれは絶対、意識がありますよ。静謐《せいひつ》な意識だけどね。

藤井　可愛がってやるとちゃんと花が咲くとか、よく言いますが、それは事実でしょう。西洋人にアニミズムと言うと、非常にプリミティブなことだと考えてしまい、ダメなんですが、神道は非常に洗練されたアニミズムです。そうした日本人の精神性に自信を持っていいと思います。

それから、数学者が生まれる世界、数学のクリエイティビティがある人間がいる社会という点でも、日本は世界で数が少ない国の一つです。

チャイニーズを見ていると、優秀な人はいるけれど、純粋な数学者はほとんどいません。数学ができたら、みんなＩＴで金儲けするほうに行く。チャイニーズで名前のある数学者は欧米の大学の先生になっている人です。

古田　そうですね。

藤井　だから、チャイナでは「学問自体に意味がある」という考え方を、あまり取らないのではないかと思います。「貧乏でも世界的な学者は偉い」という考え方は今のチャイニーズの頭の中にない。偉いのは「金があるか」「権力があるか」のどちらかで、「賢いなら、なぜ貧乏なんだ」というのが彼らの一般的な考え方でしょう。学問自体に価値があると考え、そういうことをやって喜んでいるのは、ユダヤ人と日本人とごく一部のヨーロッパ人ぐらいではないですか。

古田　そうでしょう。

藤井　どんな仕事でもやることが楽しい。お金があっても働くのが好きで、働かないと満足できない。この精神文化もまた、日本人の大事な「財産」だと思います。

おわりに――スリリングでエキサイティングな知的「冒険」

『ＷｉＬＬ』編集部から対談の話があったとき、私の頭に一番に浮かんだ名前が古田博司さんだった。古田さんの著作はかねてから読んできている。また、古田さんも『ＷｉＬＬ』の対談などで私の名前を出してくれていたので、それとなく親しみを感じていた。古田さんはほぼ同世代の研究者であり、その朝鮮半島の歴史に関する洞察には、かねてから非常に尊敬の念を抱いていた。実際にお会いしてみると、単に朝鮮の専門家であるということを超えて、古田さんは非常に深い学識と鋭い分析力を持った学者であることがよくわかった。

私は古田さんの本の中でも朝鮮問題にかかわらないエッセイのようなものも、洞察力に溢れた論文であると考えてきた。『「紙の本」はかく語りき』（ちくま文庫）などは、近年、私が遭遇したもっとも知的に刺激的な本の一つであった。古田さんは朝鮮を中心にした東アジアの専門家であることになっているが、最近は文明史家、さらに進んで思想家としての側面を強めているように思われる。そういった意味で、今回の対談でも現在の日本と朝鮮半島の関係を考えるのみならず、人類の文明史における日本の立ち位置を考える上で、示唆的な発言がなされていると思う。

例えば、第五章で、議論した「近代」をめぐる発言では、私と古田さんの考えはかなり対立している。しかし、面白い議論になったと思っている。

古田さんはアカデミシャンであって、非常に慎重な物言いをされるが、本質的には直観の鋭い方であって、最近の流行りの言葉で言えば「ビジョナリー」などという言葉も使ってよいのではないかと思う。総合的なビジョンが一遍に見えてしまうようで、それを裏付ける論証は後から来るというのが、実は古田流の学問の形であるようだ。しかし、実はこれは、すべての天才的学者に共通したパターンではないかと愚考している。

ともかくも今回の対談は、私にとっては何よりも非常に楽しい「冒険」であった。こういう知的にスリリングでエキサイティングな体験というものは、何事にも代えがたいものである。また、もちろん、対談後の酒席の場も、それを上回る楽しいものであった。貴重な時間を割いていただいた古田博司さんに心から御礼を申し上げたいと思う。

二〇一八年十一月

藤井厳喜

藤井厳喜（ふじい・げんき）

1952年、東京都生まれ。早稲田大学政治経済学部政治学科卒業。クレアモント大学院政治学部（修士）を経て、ハーバード大学政治学部大学院助手、同大学国際問題研究所研究員。82年から近未来予測の「ケンブリッジ・フォーキャスト・レポート」発行。株式会社ケンブリッジ・フォーキャスト・グループ・オブ・ジャパン代表取締役。『日米対等　トランプで変わる日本の国防・外交・経済』（祥伝社新書）、『最強兵器としての地政学』（ハート出版）、『国境ある経済の復活』（徳間書店）など著書多数。

古田博司（ふるた・ひろし）

1953年、神奈川県横浜市生まれ。筑波大学人文社会科学研究科教授。慶應義塾大学文学部史学科卒業。同大学大学院文学研究科東洋史専攻修士課程修了。『ヨーロッパ思想を読み解く――何が近代科学を生んだか』（筑摩書房）、『東アジアの思想風景』（岩波書店）、『東アジア「反日」トライアングル』（文春新書）、『東アジア・イデオロギーを超えて』（新書館）、『使える哲学』（ディスカヴァー・トゥエンティワン）、『韓国・韓国人の品性』（ワック）など著書多数。

韓国《かんこく》・北朝鮮《きたちようせん》の悲劇《ひげき》　米中《べいちゆう》は全面対決《ぜんめんたいけつ》へ

2018年12月7日　初版発行
2019年8月29日　第4刷

著　者　藤井厳喜・古田博司

発行者　鈴木　隆一

発行所　ワック株式会社
東京都千代田区五番町4-5　五番町コスモビル　〒102-0076
電話　03-5226-7622
http://web-wac.co.jp/

印刷製本　大日本印刷株式会社

ISBN978-4-89831-787-7

好評既刊

モンゴル人力士はなぜ嫌われるのか
——日本人のためのモンゴル学

宮脇淳子　B-270

遊牧文化のモンゴルに先輩・後輩の序列はなく、〝力〟がすべての社会！　トップは法をつくる人であって、守る人ではない！　白鵬が我がもの顔で振る舞う理由。

本体価格九二〇円

さらば、自壊する韓国よ！

呉　善花　B-252

朴槿恵大統領逮捕！　韓国は、もはや北朝鮮に幻惑されて自滅するしかないのか？　来日して三十余年になる著者の透徹した眼で分析する最新の朝鮮半島情勢。

本体価格九二〇円

呆れた哀れな隣人・韓国

呉　善花・加瀬英明　B-248

「韓国はアンデルセンの『裸の王様』みたいな滑稽な国家（加瀬）」「朴槿恵は百年以上昔の閔妃の再来のようなもの（呉）」——韓国の歴史・文化の根深い恥部・後進性を暴く。

本体価格九二〇円

http://web-wac.co.jp/

好評既刊

韓国・北朝鮮はこうなる!
呉 善花・加藤達也
B-280

米朝会談後の韓国と北朝鮮はどうなるのか。このまだと、韓国は北に呑み込まれ、貧しい低開発国に転落してしまいかねない。その時、北東アジアの自由と平和は……

本体価格九二〇円

日本のＩＴ産業が中国に盗まれている
深田萌絵

ファーウェイをはじめとする中国企業の世界に張りめぐらされたスパイ網を暴き、ＩＴへの無知が国を滅ぼす現状に警告を鳴らす、ノンフィクション大作!

本体価格一三〇〇円

それでも、私はあきらめない
黒田福美
B-279

長年、友好を願いながらも日韓の相克をみつめてきた女優、黒田福美。太平洋戦争で、「日本兵」として散っていった朝鮮人兵士のため、韓国に慰霊碑を建立しようとしたが……

本体価格九二六円

好評既刊

ゆすり、たかりの国家

西岡力

B-263

アジアでは冷戦はまだ終わっていない。日本よ、北朝鮮の「核恫喝」に屈するな。韓国の「歴史戦」にも怯んではいけない。金正恩と文在寅は危険な「独裁者」だ。

本体価格九二六円

歴史を捏造する反日国家・韓国

西岡力

B-292

ウソつきのオンパレード――「徴用工」「慰安婦」「竹島占拠」「レーダー照射」「旭日旗侮辱」……いまや、この国は余りにも理不尽な「反日革命国家」となった！

本体価格九二六円

アジアの覇者は誰か

習近平か、いやトランプと安倍だ！

宮崎正弘・石平

B-281

中国経済は未曽有の危機に直面している。米中貿易戦争で「時限爆弾」のボタンが押された。高関税はまだ序の口、米中関係は百年の戦いになるだろう。

本体価格九二〇円

http://web-wac.co.jp/

好評既刊

馬渕睦夫が読み解く
2019年世界の真実
いま世界の秩序が大変動する
馬渕睦夫
B-277

米朝会談後の世界はこうなる！ 金正恩は屈服した。そして、グローバリズムから新しいナショナリズムの時代がやってくる。操られたフェイクニュースに騙されるな！ 本体価格九二〇円

中国・
中国人の品性
宮崎正弘・河添恵子
B-262

「躾」「忖度」「惻隠の情」「羞恥心」「反省」という〝ことば〟のない国。長年の共産党独裁政権によって、民度・マナー・モラルがさらに低下！ 習近平体制は末期的症状。 本体価格九二〇円

韓国・
韓国人の品性
古田博司
B-261

韓国人は平気でウソをつく。「卑劣」の意味が理解できない。あるのは反日ナショナリズムだけ。だから「助けず、教えず、関わらず」の非韓三原則で対処せよ！ 本体価格九二〇円